# LA CASA DE
# BERNARDA ALBA

# FEDERICO GARCIA LORCA

# LA CASA DE BERNARDA ALBA

**Edición completa.**

COLECCION LITERARIA UNIVERSAL

EDITORES MEXICANOS UNIDOS, S. A.
L. GONZALEZ OBREGON No. 5-B
MEXICO 1, D. F.

# PROLOGO

*La época*

Corría el año 1936. Desde enero España bullía en efervescencia política. El Frente Popular había ganado las elecciones, la República tenía un nuevo Parlamento, las cárceles se abrían para los presos políticos, don Manuel Azaña ocupaba el cargo de presidente y las esperanzas se centraban en el nuevo gobierno. Las derechas vencidas ardían en rencor, las izquierdas triunfantes planeaban el futuro. Dos bandos irreconciliables, dispuestos a actuar en todos los terrenos, desataron la violencia y comenzó a funcionar la ley del Talión: "Camisa, plomo por plomo". [1]

"Una de esas tardes —cuenta Fernando Vázquez Ocaña— Federico llegó desolado al Café de Lyón, gritándole a los amigos: ¡Están tirando a los guardias! ¡Y me han apuntado a mí! Quería decir: 'a mí que soy un pobre pacífico'. Era duro, en efecto, que un hombre de bien, poeta o no, sólo fuera un blanco más en una nación decidida a despedazarse."

---

[1] García Lorca. Fernando Vázquez Ocaña.

5

La generación de 1927 —Alberti, Salinas, Diego, Guillén, Lorca— estaba en su esplendor. Lo popular y lo culto, las viejas y las nuevas tendencias, se mezclaban armoniosamente en sus creaciones, en un intento exitoso por revitalizar la literatura española.

Mientras tanto las imprentas vomitaban textos y más textos de todos ellos y, fundamentalmente, de Federico García Lorca, en una avidez casi premonitoria, por dejar constancia de un poeta excepcional, quien prematuramente habría de desaparecer.

En junio de ese año, Federico se reunió en casa del doctor Eusebio Oliver, en Madrid, junto con sus amigos Dámaso Alonso, Jorge Guillén y Guillermo de Torre, para leer su tragedia *La casa de Bernarda Alba*. Cada vez que Federico terminaba una escena, exclamaba: "Ni una gota de poesía. ¡Realidad! ¡Realismo!"

Su meta había ido evolucionando gradualmente desde "Bodas de sangre", un drama de amor y muerte, esencialmente poético; "Doña Rosita la soltera", una comedia llena de melancólico lirismo; "Yerma", tragedia de la procreación frustrada, hacia la búsqueda de un teatro fuerte, desnudo, sobrio, clásico.

"He abrazado el teatro —dijo en una entrevista— porque siento la necesidad de la expresión dramática", y es que Federico veía en el teatro una posibilidad de profundización y extensión de lo poético, no solamente en la forma sino en lo conceptual. De esta manera, al evitar en lo posible la poesía, él se imponía una "tource de force", donde el poema lo constituía la obra en sí. Eso es lo que logra con *La casa de Bernarda Alba*. Mostrando su desprecio por lo que "los estúpidos medios teatrales", llamaban "arte comercial", intentaba presentar al público —al que sabía capaz de comprender las obras más serias y penetrantes un verdadero arte dramático.

"El hermoso oficio de la farsa me apasiona —solía decir— pero lo que más me gusta es el público: campesinos, artesanos, nobles mujeres del pueblo, ancianos y niños. ¡Con qué placer nos escuchan! (. . .) A los señoritos sin nada adentro, no les placemos tanto. Ni nos importa. ¿Qué saben ellos de lo que es el gran teatro español? El pueblo presiente su profundidad, su misterio, su fe, pero ellos no. (. . .) En cambio, cualquier aldeano se queda quieto y se le ve iluminarse al oír un romance de Lope. ¡Qué bien se expresa!, murmura el buen hombre, y con ello basta para demostrar que él sí ha entendido, que la gloriosa poesía de España despierta en su pecho ecos pretéritos de belleza y de humanidad allí escondidos. . . y olvidados."

Toda la experiencia que García Lorca recogió con su teatro ambulante "La Barraca" transportando sus escenarios a los más recónditos pueblitos de España, fue para él invalorable. Unida a su gran capacidad para escudriñar el alma de la gente y a su fuerte vena poética, esa experiencia preparó su evolución como dramaturgo, un dramaturgo de tal trascendencia como todavía no ha aparecido en el panorama hispanoamericano.

*Los antecedentes de la obra*

Esta pieza completa, junto con "Bodas de sangre" y "Yerma", la trilogía de tragedias escritas por García Lorca. Al igual que "Bodas de sangre", esta obra se basa en un suceso real que Federico había recogido en su juventud. La protagonista existió y vivió en Valderrubio, donde el padre de Lorca heredó una finca vecina a

**7**

la casa de Bernarda, viuda tirana que ejercía una dominante vigilancia sobre sus hijas. Pepe, el Romano —personaje que no aparece en escena y es sólo mencionado por las mujeres—, prometido de Angustias, la hija mayor y amante de Adela, la más joven, también existió y se llamaba Pepe de la Romilla.

María, prima de Federico García Lorca, contó a Claude Couffon, cuando éste llegó hasta Fuentevaqueros tratando de recoger datos sobre la infancia del poeta, que un verano Federico fue a Valderrubio e intrigado por aquella extraña familia, se puso a espiarla desde el brocal de un pozo donde se acurrucó, observando sus movimientos. Allí, seguramente, fue anotando en silencio los distintos elementos que más tarde configurarían este drama de soledad, amor y muerte y en que solamente intervienen mujeres enlutadas. No en vano, el autor colocó debajo del título de la obra, la siguiente aclaración: "Los tres actos tienen la intención de un documental fotográfico". En efecto, esta obra es una pintura de determinada situación, donde jamás aparece un personaje que hable por boca del autor, exceptuando quizás algunas canciones de María Josefa, la abuela. La maestría de Lorca consiste precisamente en este caso, en haber "fotografiado" una realidad y en que los personajes se mueven sin que se vean los "hilos" de su conductor. Es como si cada uno, "viviera" su propia vida.

## La obra

La acción comienza con la escena vacía. Se oye un redoble de campanas y el eco del gorigori, canto de los sacerdotes en los funerales. Están enterrando al marido

**8**

de Bernarda Alba y padre de Angustias, Magdalena, Amelia, Martirio y Adela, las cinco hijas del matrimonio. En la casa habitan nueve mujeres, ya que también está Poncia, la criada, de la misma edad de Bernarda, María Josefa, madre de Bernarda que tiene 80 años y ya chochea y otra criada que apenas interviene en la tragedia. Son también mujeres las que se acercan a la casa a saludar a Bernarda y a sus hijas.

Las hijas de Bernarda —cinco mujeres que se marchitan vírgenes, enlutadas y sin hombre—, arden por dentro con toda la fuerza del deseo contenido. Angustias —la mayor tiene 40 años—, prepara su ajuar para casarse con Pepe, el Romano. Martirio está secretamente enamorada de Pepe y vigila a su hermana menor Adela, quien se encuentra con él por las noches. Detrás de este friso se levanta la sombra augusta de la madre, "madre calderoniana", al decir de Vázquez Ocaña, para vigilar el honor de la familia y cuidar de la virginidad de sus hijas. Severa y dura, Bernarda representa el mundo de los prejuicios y de una férrea moral que niega los mandatos de la naturaleza, pero no puede frenar la vida que tiende a realizarse de cualquier forma y Adela liberando su pasión se entrega al amor de Pepe, quien ve en Angustias sólo a la heredera.

Cuando hacia el final de la pieza, Bernarda descubre la verdad, dispara con su escopeta al hombre y le dice a sus hijas que lo ha matado. Pepe en realidad ha huido pero Adela, que no lo sabe, se encierra en el granero y se cuelga. El final de la obra es conmovedor:

"¡No entres!", dice Poncia a Bernarda.

"No. ¡Yo no! —contesta Bernarda, sacándose de encima la culpa de haber empujado a su hija al suicidio y augura— Pepe: tú seguirás corriendo vivo por lo oscuro de las alamedas, pero otro día caerás. ¡Descolgadla! ¡Mi hija ha muerto virgen! Llevadla a su cuarto y vestidla como una doncella. ¡Nadie diga nada! Ella ha muerto virgen."

La constante de su obra: el amor y la muerte indisolublemente unidos, está presente en las últimas cosas escritas por Lorca. Y si bien aquí el lirismo deja paso al realismo, como él quiso, la poesía asoma igualmente en las palabras de la abuela chocha María Josefa, a través de las cuales irrumpe la voz de la naturaleza:

"¿Por qué aquí no hay espumas? Aquí no hay más que mantos de luto. Yo quiero campo. Yo quiero casas, pero casas abiertas y las vecinas acostadas en sus camas con sus niños chiquitos y los hombres fuera sentados en sus sillas. Pepe el Romano es un gigante. Todas le queréis. Pero él os va a devorar porque vosotras sois granos de trigo. No granos de trigo. ¡Ranas sin lengua!"

Mientras dentro de aquellos muros las mujeres vegetan soñando con un amor que se les niega, que no llegará nunca, afuera la vida estalla en todo su esplendor y su fuerza. Sólo el leve eco de esa vida penetra por las persianas bajas, como el canto de los segadores que van a su trabajo y que escuchan las muchachas:

Ya salen los segadores
en busca de las espigas;
se llevan los corazones
de las muchachas que miran.

No hay aquí un símbolo como en "Doña Rosita la soltera" (la protagonista semejante a la rosa mutábile

**10**

que se deshoja al atardecer), ni la convivencia del realismo con la alegoría poética como en "Bodas de sangre" (la Luna y la Muerte personificadas interviniendo a favor o en contra de los personajes), no hay tampoco como en "Yerma", la aceptación de un destino trágico: Adela no acepta el futuro que su madre quiere imponerle. Todo aquí —el "realismo puro", como decía su autor— tiende a provocar en el espectador un rechazo a esa moral siniestramente impuesta por la costumbre. Pero el cariño del poeta por sus personajes —cariño que, por extensión, no es ni más ni menos que el que sentía por la gente humilde de su pueblo con sus carencias y defectos, de los cuales García Lorca sabía también rescatar poesía—, logra que esta madre no provoque odio, sino un singular deslumbramiento por la forma en que es capaz de llevar hasta sus últimas consecuencias la defensa de esa moral opresiva y brutal. Bernarda no aparece como un verdugo. Ella no es nada más que otra víctima del ancestral "sentido ibérico del honor", de un sentido reaccionario y antinatural contra el que se debatía la España republicana.

"El teatro es la poesía que se levanta del libro y se hace humana —decía Lorca—. Necesita que los personajes que aparecen en la escena lleven un traje de poesía y al mismo tiempo que se les vean los huesos, la sangre. Han de ser tan horrorosamente trágicos y ligados a la vida y al día con una fuerza tal, que muestren sus tradiciones, que se aprecien sus valores y que salga a los labios toda la valentía de sus palabras, llenas de amor o de asco."

Como en "Yerma", como en "Bodas de sangre", aparece siempre lo moral frenando el instinto salvaje y glorioso de la carne. Pero también como en "Bodas de sangre", como en "Yerma", las formas vitales se disuelven y desaparecen cuando son incapaces de cumplir con su destino.

Hay en casi toda la obra dramática de Federico una oposición entre la fuerza de la vida y el amor, como elementos generatrices del mundo, y las fuerzas negativas alimentadas por una cadena de prejuicios ancestrales y una antigua ordenación moral que se enfrentan en una lucha a muerte. Cuando la fuerza de la sangre y el amor gana terreno (caso de la huida de la novia con el amante en "Bodas de sangre", caso de la entrega de Adela a Pepe), la reacción y la persecución se ciñen sobre ella. De ese enfrentamiento se nutre la poesía de Federico, a través de la cual él creía que la gente podía elevarse de su condición, y salvarse así como él salva —a través de la sublimación— a sus heroínas, que son casi siempre pertenecientes a`familias tradicionales y austeras.

La idea de la constitución de la familia y la ubicación de sus integrantes ha tenido —en los religiosos pueblos latinos sobre todo—, una muy especial significación: la mujer debe casarse virgen, la libertad es para el hombre; la mujer no puede manifestar su atracción sexual sino que debe dejar ese terreno librado al hombre; la mujer debe estar al cuidado de la casa y de los hijos. Cualquier quebrantamiento de estas reglas ha sido mirado con muy malos ojos por la sociedad que ha fomentado todos estos convencionalismos que la rigen. De este modo no resulta extraño que la escena del final del segundo acto de *La casa de Bernarda Alba* se parente con una película actual: "Zorba, el griego", de Kazantzakis aparecida en la década del 60, donde una mujer viuda de un pueblito de Grecia es apedreada y asesinada a puñaladas por los vecinos y cuya única culpa es haberse entregado a un joven por amor.

Del mismo modo, Porcia viene a contar a Bernarda y a sus hijas que en la puerta estaba reunida una multitud de gente del pueblo que había traído arrastrando calle abajo a una mujer que mató a su hijo recién nacido para ocultar "la vergüenza" de ser soltera y no poder decir quién es el padre.

"¡Acabar con ella antes que lleguen los guardias! —grita Bernarda—. ¡Carbón ardiendo en el sitio de su pecado!"
—"¡No! ¡No! —exclama Adela, cogiéndose el vientre.
—¡Matadla! ¡Matadla!" —termina Bernarda.

Las mismas mujeres de negro enmarcan —con algunas variantes— las escenas, los mismos prejuicios alimentan la misma conducta en sociedades con casi 30 años de diferencia. El parecido de esta escena sugerida por Lorca, ya que no aparece escenificada, con la secuencia del film de Kazantzakis no es casual; aún muchos de esos convencionalismos no han sido superados.

Triunfante en esa "tource de force" que Lorca se propuso, conmovido por la suerte de estas mujeres latinas, este drama se levanta como un poema magnífico y trágico. Y la imagen de Bernarda nos recuerda —con claras reminiscencias— a alguna de esas abuelas —o madres— terribles y gigantescas que todos hemos conocido a través de la literatura o personalmente, y que han sido elementos decisivos en la obstaculización del avance social femenino.

*La casa de Bernarda Alba* ha sido considerada como "el drama formalmente más perfecto de todo el teatro español contemporáneo" y es realmente perfecto en el desarrollo progresivo de sus tres actos, en su potencia trágica en avance hasta culminar en un final de conmovedor efectismo. La acción es sombría, austera, descarnada, las palabras y el enfrentamiento de las hermanas, la madre y Porcia golpean como cuchillos sin rebasar jamás la realidad de sus personajes.

García Lorca no pudo presenciar el estreno de su última obra que él reservaba para la mejor actriz dramática española: Margarita Xirgú. *La casa de Bernarda Alba* se estrenó en Buenos Aires, en el Teatro Avenida, el 6 de marzo de 1945, cuando ya el poeta era quizás —como lo dijo en sus versos— "un corazón reflejado en el viento".

L. P.

**14**

# ACTO PRIMERO

BERNARDA
MARIA JOSEFA (madre de Bernarda)
ANGUSTIAS (hija de Bernarda)
MAGDALENA (hija de Bernarda)
AMELIA (hija de Bernarda)
MARTIRIO (hija de Bernarda)
ADELA (hija de Bernarda)
LA PONCIA (criada)
CRIADA
PRUDENCIA
MENDIGA
MUJER 1a.
MUJER 2a.
MUJER 3a.
MUJER 4a.
MUCHACHA
MUJERES DE LUTO

(Habitación blanquísima del interior de la casa de *Bernarda*. Muros gruesos. Puertas en arco con cortinas de yute rematadas con madroños y volantes. Sillas de anea. Cuadros con paisajes inverosímiles de ninfas o reyes de leyenda. Es verano. Un gran silencio umbroso

**15**

se extiende por la escena. Al levantarse el telón está la escena sola. Se oyen doblar las campanas.)

*(Sale la* Criada).

**CRIADA**

Ya tengo el doble de esas campanas metido entre las sienes.

**LA PONCIA** *(sale comiendo chorizo y pan)*

Llevan ya más de dos horas de gori-gori. Han venido curas de todos los pueblos. La iglesia está hermosa. En el primer responso se desmayó la Magdalena.

**CRIADA**

Es la que se queda más sola.

**LA PONCIA**

Era la única que quería al padre. ¡Ay! ¡Gracias a Dios que estamos solas un poquito! Yo he venido a comer.

**CRIADA**

¡Si te viera Bernarda!...

**LA PONCIA**

¡Quisiera que ahora, como no come ella, que todas nos muriéramos de hambre! ¡Mandona! ¡Dominanta! ¡Pero se fastidia! Le he abierto la orza de chorizos.

**CRIADA** *(con tristeza ansiosa)*

¿Por qué no me das para mi niña, Poncia?

**LA PONCIA**

Entra y llévate también un puñado de garbanzos. ¡Hoy no se dará cuenta!

**VOZ** *(dentro)*

¡Bernarda!

**LA PONCIA**

La vieja. ¿Está bien cerrada?

**CRIADA**

Con dos vueltas de llave.

**LA PONCIA**

Pero debes poner también la tranca. Tienes unos dedos como cinco ganzúas.

**VOZ**

¡Bernarda!

**LA PONCIA** *(a voces)*

¡Ya viene! *(A la Criada.)* Limpia bien todo. Si Bernarda no ve relucientes las cosas me arrancará los pocos pelos que me quedan.

**CRIADA**

¡Qué mujer!

**LA PONCIA**

Tirana de todos los que la rodean. Es capaz de sentarse encima de tu corazón y ver cómo te mueres durante un año sin que se le cierre esa sonrisa fría que lleva en su maldita cara. ¡Limpia, limpia ese vidriado!

**CRIADA**

Sangre en las manos tengo de fregarlo todo.

**LA PONCIA**

Ella la más aseada, ella la más decente, ella la más alta. ¡Buen descanso ganó su pobre marido!

(*Cesan las campanas.*)

**CRIADA**

¿Han venido todos sus parientes?

**LA PONCIA**

Los de ella. La gente de él la odia. Vinieron a verlo muerto y le hicieron la cruz.

**CRIADA**

¿Hay bastantes sillas?

**LA PONCIA**

Sobran. Que se sienten en el suelo. Desde que murió el padre de Bernarda no han vuelto a entrar las gentes bajo estos techos. Ella no quiere que la vean en su dominio. ¡Maldita sea!

**CRIADA**

Contigo se portó bien.

**LA PONCIA**

Treinta años lavando sus sábanas; treinta años comiendo sus sobras; noches en vela cuando tose; días enteros mirando por la rendija para espiar a los vecinos y llevarle el cuento; vida sin secretos una con otra, y sin embargo, ¡maldita sea! ¡Mal dolor de clavo le pinche en los ojos!

CRIADA

¡Mujer!

LA PONCIA

Pero yo soy buena perra; ladro cuando me lo dicen y muerdo los talones de los que piden limosna cuando ella me azuza; mis hijos trabajan en sus tierras y ya están los dos casados, pero un día me hartaré.

CRIADA

Y ese día...

LA PONCIA

Ese día me encerraré con ella en un cuarto y le estaré escupiendo un año entero. "Bernarda, por esto, por aquello, por lo otro", hasta ponerla como un lagarto machacado por los niños, que es lo que es ella y toda su parentela. Claro es que no le envidio la vida. Le quedan cinco mujeres, cinco hijas feas, que quitando Angustias, la mayor, que es la hija del primer marido y tiene dinero, las demás, mucha puntilla bordada, muchas camisas de hilo, pero pan y uvas por toda herencia.

CRIADA

¡Ya quisiera tener yo lo que ellas!

LA PONCIA

Nosotras tenemos nuestras manos y un hoyo en la tierra de la verdad.

**19**

**CRIADA**

Esa es la única tierra que nos dejan a las que no tenemos nada.

**LA PONCIA** *(en la alacena)*

Este cristal tiene unas motas.

**CRIADA**

Ni con el jabón ni con bayeta se le quitan. *(Suenan las campanas.)*

**LA PONCIA**

El último responso. Me voy a oírlo. A mí me gusta mucho cómo canta el párraco. En el "Pater Noster" subió, subió, subió la voz que parecía un cántaro de agua llenándose poco a poco; claro es que al final dio un gallo; pero da gloria oírlo. Ahora, que nadie como el antiguo sacristán Tronchapinos. En la misa de mi madre, que esté en gloria, cantó. Retumbaban las paredes y cuando decía Amén era como si un lobo hubiese entrado en la iglesia. *(Imitándolo.)* ¡Amé-é-én! *(Se echa a toser.)*

**CRIADA**

Te vas a hacer el gaznate polvo.

**LA PONCIA**

¡Otra cosa hacía polvo yo! *(Sale riendo.)*
*(La* Criada *limpia. Suenan las campanas.)*

**CRIADA** *(llevando el canto)*

Tin, tin, tan. Tin, tin, tan. ¡Dios lo haya perdonado!

20

**MENDIGA** *(con una niña)*
¡Alabado sea Dios!

**CRIADA**
Tin, tin, tan. ¡Que nos espere muchos años! Tin, tin, tan.

**MENDIGA** *(fuerte y con cierta irritación)*
¡Alabado sea Dios!

**CRIADA** *(irritada)*
¡Por siempre!

**MENDIGA**
Vengo por las sobras. *(Cesan las campanas.)*

**CRIADA**
Por la puerta se va a la calle. Las sobras de hoy son para mí.

**MENDIGA**
Mujer, tú tienes quien te gane. ¡Mi niña y yo estamos solas!

**CRIADA**
También están solos los perros y viven.

**MENDIGA**
Siempre me las dan.

**CRIADA**
Fuera de aquí. ¿Quién os dijo que entráseis? Ya me habéis dejado los pies señalados. *(Se van.)* *(Limpia.)* Sue-

los barnizados con aceite, alacenas, pedestales, camas de acero, para que traguemos quina las que vivimos en las chozas de tierra con un plato y una cuchara. Ojalá que un día no quedáramos ni uno para contarlo. *(Vuelven a sonar las campanas.)* Sí, sí, ¡vengan clamores! ¡Venga caja con filos dorados y toalla para llevarla! ¡Que lo mismo estarás tú que estaré yo! Fastídiate, Antonio María Benavides, tieso con tu traje de paño y tus botas enterizas. ¡Fastídiate! ¡Ya no volverás a levantarme las enaguas detrás de la puerta de tu corral! *(Por el fondo, de dos en dos, empiezan a entrar mujeres de luto, con pañuelos grandes, faldas y abanicos negros. Entran lentamente hasta llenar la escena.)* *(La Criada, rompiendo a gritar.)* ¡Ay, Antonio María Benavides, que ya no verás estas paredes ni comerás el pan de esta casa! Yo fui la que más te quiso de las que te sirvieron. *(Tirándose del cabello.)* ¿Y he de vivir yo después de haberte marchado? ¿Y he de vivir?

*(Terminan de entrar las doscientas mujeres y aparece* Bernarda *y sus cinco hijas.)*

BERNARDA *(a la* Criada*)*
¡Silencio!

CRIADA *(llorando)*
¡Bernarda!

BERNARDA
Menos gritos y más obras. Debías haber procurado que todo estuviera más limpio para recibir al duelo. Vete. No es éste tu lugar. *(La* Criada *se va llorando.)*

Los pobres son como los animales; parece como si estuvieran hechos de otras sustancias.

**MUJER 1a.**
Los pobres sienten también sus penas.

**BERNARDA**
Pero las olvidan delante de un plato de garbanzos.

**MUCHACHA** *(con timidez)*
Comer es necesario para vivir.

**BERNARDA**
A tu edad no se habla delante de las personas mayores.

**MUJER 1a.**
Niña, cállate.

**BERNARDA**
No he dejado que nadie me dé lecciones. Sentarse. *(Se sientan. Pausa. Fuerte.)* Magdalena, no llores; si quieres llorar te metes debajo de la cama. ¿Me has oído?

**MUJER 2a.** *(a Bernarda)*
¿Habéis empezado los trabajos en la era?

**BERNARDA**
Ayer.

**MUJER 3a.**
Cae el sol como plomo.

**23**

**MUJER 1a.**

Hace años no he conocido calor igual. *(Pausa.) (Se abanican todas.)*

**BERNARDA**

¿Está hecha la limonada?

**LA PONCIA**

Sí, Bernarda. *(Sale con una gran bandeja llena de jarritas blancas que distribuye.)*

**BERNARDA**

Dales a los hombres.

**LA PONCIA**

Ya están tomando en el patio.

**BERNARDA**

Que salgan por donde han entrado. No quiero que pasen por aquí.

**MUCHACHA** *(a* Angustias)

Pepe el Romano estaba con los hombres del duelo.

**ANGUSTIAS**

Allí estaba.

**BERNARDA**

Estaba su madre. Ella ha visto a su madre. A Pepe no lo ha visto ella ni yo.

**MUCHACHA**

Me pareció.

**24**

**BERNARDA**

Quien sí estaba era el viudo de Darajalí. Muy cerca de tu tía. A ése lo vimos todas.

**MUJER 2a.** *(aparte, en voz baja)*
¡Mala, más que mala!

**MUJER 3a.** *(lo mismo)*
¡Lengua de cuchillo!

**BERNARDA**

Las mujeres en la iglesia no deben de mirar más hombre que al oficiante y ése porque tiene faldas. Volver la cabeza es buscar el calor de la pana.

**MUJER 1a.** *(en voz baja)*
¡Vieja lagarta recocida!

**LA PONCIA** *(entre dientes)*
¡Sarmentosa por calentura de varón!

**BERNARDA**

¡Alabado sea Dios!

**TODAS** *(santiguándose)*
Sea por siempre bendito y alabado.

**BERNARDA**

¡Descansa en paz con la santa
compaña de cabecera!

**TODAS**
¡Descansa en paz!

**BERNARDA**

Con el ángel San Miguel
y su espada justiciera.

**TODAS**

¡Descansa en paz!

**BERNARDA**

Con la llave que todo lo abre
y la mano que todo lo cierra.

**TODAS**

¡Descansa en paz!

**BERNARDA**

Con los bienaventurados
y las lucecitas del campo.

**TODAS**

¡Descansa en paz!

**BERNARDA**

Con nuestra santa caridad
y las almas de tierra y mar.

**TODAS**

¡Descansa en paz!

**BERNARDA**

Concede el reposo a tu siervo Antonio María Benavides y dale la corona de tu santa gloria.

**TODAS**
Amén.

**BERNARDA** *(se pone de pie y canta)*
Requiem aeternam donat eis domine.

**TODAS** *(de pie y cantando al modo gregoriano)*
Et luz perpetua luce ab eis. *(Se santiguan.)*

**MUJER 1a.**
Salud para rogar por su alma. *(Van desfilando.)*

**MUJER 3a.**
No te faltará la hogaza de pan caliente.

**MUJER 2a.**
Ni el techo para tus hijas. *(Van desfilando todas por delante de Bernarda y saliendo.) (Sale Angustias por otra puerta que da al patio.)*

**MUJER 4a.**
El mismo trigo de tu casamiento lo sigas disfrutando.

**LA PONCIA** *(entrando con una bolsa)*
De parte de los hombres esta bolsa de dineros para responsos.

**BERNARDA**
Dales las gracias y échales una copa de aguardiente.

**MUCHACHA** *(a Magdalena)*
Magdalena...

**BERNARDA** *(a* Magdalena, *que inicia el llanto)*
Chiss.*(Salen todas.) (A las que se han ido.)*

¡Andad a vuestras casas a criticar todo lo que habéis visto! ¡Ojalá tardéis muchos años en pasar el arco de mi puerta!

**LA PONCIA**
No tendrás queja ninguna. Ha venido todo el pueblo.

**BERNARDA**
Sí; para llenar mi casa con el sudor de sus refajos y el veneno de sus lenguas.

**AMELIA**
¡Madre, no hable usted así!

**BERNARDA**
Es así como se tiene que hablar en este maldito pueblo sin río, pueblo de pozos, donde siempre se debe el agua con el miedo de que esté envenenada.

**LA PONCIA**
¡Cómo han puesto la solería!

**BERNARDA**
Igual que si hubiese pasado por ella una manada de cabras. (La Poncia *limpia el suelo.)* Niña, dame el abanico.

**ADELA**
Tome usted. *(Le da un abanico redondo con flores rojas y verdes.)*

**28**

**BERNARDA** *(arrojando el abanico al suelo)*

¿Es éste el abanico que se da a una viuda? Dame uno negro y aprende a respetar el luto de tu padre.

**MARTIRIO**

Tome usted el mío.

**BERNARDA**

¿Y tú?

**MARTIRIO**

Yo no tengo calor.

**BERNARDA**

Pues busca otro, que te hará falta. En ocho años que dure el luto no ha de entrar en esta casa el viento de la calle. Haremos cuenta que hemos tapiado con ladrillos puertas y ventanas. Así pasó en casa de mi padre y en casa de mi abuelo. Mientras, podéis empezar a bordar el ajuar. En el arca tengo veinte piezas de hilo con el que podréis cortas sábanas y embozos. Magdalena puede bordarlas.

**MAGDALENA**

Lo mismo me da.

**ADELA** *(agria)*

Si no quieres bordarlas irán sin bordados. Así las tuyas lucirán más.

**MAGDALENA**

Ni las mías ni las vuestras. Sé que yo no me voy a

casar. Prefiero llevar sacos al molino. Todo menos estar sentada días y días dentro de esta sala oscura.

**BERNARDA**

Eso tiene ser mujer.

**MAGDALENA**

Malditas sean las mujeres.

**BERNARDA**

Aquí se hace lo que yo mando. Ya no puedes ir con el cuento a tu padre. Hilo y aguja para las hembras. Látigo y mula para el varón. Eso tiene la gente que nace con posibles. *(Sale* Adela.)

**VOZ**

¡Bernarda! ¡Déjame salir!

**BERNARDA** *(en voz alta)*

¡Dejadla ya! *(Sale la* Criada.)

**CRIADA**

Me ha costado mucho sujetarla. A pesar de sus ochenta años, tu madre es fuerte como un roble.

**BERNARDA**

Tiene a quien parecerse. Mi abuelo fue igual.

**CRIADA**

Tuve durante el duelo que taparle varias veces la boca con un costal vacío porque quería llamarte para que le dieras agua de fregar siquiera, para beber, y carne de perro, que es lo que ella dice que tú le das.

**MARTIRIO**

¡Tiene mala intención!

**BERNARDA** *(a la* Criada)

Dejadla que se desahogue en el patio.

**CRIADA**

Ha sacado del cofre sus anillos y los pendientes de amatista; se los ha puesto, y me ha dicho que se quiere casar. *(Las hijas ríen.)*

**BERNARDA**

Ve con ella y ten cuidado que no se acerque al pozo.

**CRIADA**

No tengas miedo que se tire.

**BERNARDA**

No es por eso... Pero desde aquel sitio las vecinas pueden verla desde su ventana. *(Sale la* Criada.)*

**MARTIRIO**

Nos vamos a cambiar de ropa.

**BERNARDA**

Sí, pero no el pañuelo de la cabeza. *(Entra* Adela.) ¿Y Angustias?

**ADELA** *(con intención)*

La he visto asomada a las rendijas del portón. Los hombres se acababan de ir.

**BERNARDA**

¿Y tú a qué fuiste también al portón?

**ADELA**

Me llegué a ver si habían puesto las gallinas.

**BERNARDA**

¡Pero el duelo de los hombres habría salido ya!

**ADELA** *(con intención)*

Todavía estaba un grupo parado por fuera.

**BERNARDA** *(furiosa)*

¡Angustias! ¡Angustias!

**ANGUSTIAS** *(entrando)*

¿Qué manda usted?

**BERNARDA**

¿Qué mirabas y a quién?

**ANGUSTIAS**

A nadie.

**BERNARDA**

¿Es decente que una mujer de tu clase vaya con el anzuelo detrás de un hombre el día de la misa de su padre? ¡Contesta! ¿A quién mirabas? *(Pausa.)*

**ANGUSTIAS**

Yo...

**BERNARDA**

¡Tú!

**ANGUSTIAS**

¡A nadie!

**BERNARDA** *(avanzando y golpeándola)*
   ¡Suave! ¡Dulzarrona!

**LA PONCIA** *(corriendo)*
   ¡Bernarda, cálmate! *(La sujeta.)* *(*Angustias *llora.)*

**BERNARDA**
   ¡Fuera de aquí todas! *(Salen.)*

**LA PONCIA**
   Ella lo ha hecho sin dar alcance a lo que hacía, que está francamente mal. Ya me chocó a mí verla escabullirse hacia el patio. Luego estuvo detrás de una ventana oyendo la conversación que traían los hombres, que como siempre no se puede oír.

**BERNARDA**
   A eso vienen a los duelos. *(Con curiosidad.)* ¿De qué hablaban?

**LA PONCIA**
   Hablaban de Paca la Roseta. Anoche ataron a su marido a un pesebre y a ella se la llevaron en la grupa del caballo hasta lo alto del olivar.

**BERNARDA**
   ¿Y ella?

**LA PONCIA**
   Ella, tan conforme. Dicen que iba con los pechos fuera y Maximiliano la llevaba cogida como si tocara la guitarra. ¡Un horror!

**BERNARDA**

¿Y qué pasó?

**LA PONCIA**

Lo que tenía que pasar. Volvieron de día. Paca la Roseta traía el pelo suelto y una corona de flores en la cabeza.

**BERNARDA**

Es la única mujer mala que tenemos en el pueblo.

**LA PONCIA**

Porque no es de aquí. Es de muy lejos. Y los que fueron con ella son también hijos de forasteros. Los hombres de aquí no son capaces de eso.

**BERNARDA**

No; pero les gusta verlo y comentarlo y se chupan los dedos de que esto ocurra.

**LA PONCIA**

Contaban muchas cosas más.

**BERNARDA** (*mirando a un lado y otro
          con cierto temor*)

¿Cuáles?

**LA PONCIA**

Me da vergüenza referirlas.

**BERNARDA**

Y mi hija las oyó.

**34**

LA PONCIA

¡Claro!

BERNARDA

Esa sale a sus tías; blandas y untuosas y que ponían ojos de carnero al piropo de cualquier barberillo. ¡Cuánto hay que sufrir y luchar para hacer que las personas sean decentes y no tiren al monte demasiado!

LA PONCIA

¡Es que tus hijas están ya en edad de merecer! Demasiado poca guerra te dan. Angustias ya debe tener mucho más de los treinta.

BERNARDA

Treinta y nueve justos.

LA PONCIA

Figúrate. Y no ha tenido nunca novio...

BERNARDA (furiosa)

¡No ha tenido novio ninguna ni les hacía falta! Pueden pasarse muy bien.

LA PONCIA

No he querido ofenderte.

BERNARDA

No hay en cien leguas a la redonda quien se pueda acercar a ellas. Los hombres de aquí no son de su clase. ¿Es que quieres que las entregue a cualquier gañán?

LA PONCIA

Debías haberte ido a otro pueblo.

**BERNARDA**

Eso. ¡A venderlas!

**LA PONCIA**

No, Bernarda, a cambiar... Claro que en otros sitios ellas resultan las pobres.

**BERNARDA**

¡Calla esa lengua atormentadora!

**LA PONCIA**

Contigo no se puede hablar. ¿Tenemos o no tenemos confianza?

**BERNARDA**

No tenemos. Me sirves y te pago. ¡Nada más!

**CRIADA** *(entrando)*

Ahí está don Arturo que viene a arreglar las particiones.

**BERNARDA**

Vamos. *(A la Criada.)* Tú empieza a blanquear el patio. *(A La Poncia.)* Y tú ve guardando en el arca grande toda la ropa del muerto.

**LA PONCIA**

Algunas cosas las podíamos dar.

**BERNARDA**

Nada, ¡ni un botón! Ni el pañuelo con que le hemos tapado la cara. *(Sale lentamente y al salir vuelve la cabeza y mira a sus criadas. Las criadas salen después.)*

*(Entran* Amelia y Martirio.)

**AMELIA**

¿Has tomado la medicina?

**MARTIRIO**

¡Para lo que me va a servir!

**AMELIA**

Pero la has tomado.

**MARTIRIO**

Yo hago las cosas sin fe, pero como un reloj.

**AMELIA**

Desde que vino el médico nuevo estás más animada.

**MARTIRIO**

Yo me siento lo mismo.

**AMELIA**

¿Te fijaste? Adelaida no estuvo en el duelo.

**MARTIRIO**

Ya lo sabía. Su novio no la deja salir ni al tranco de la calle. Antes era alegre; ahora ni polvos se echa en la cara.

**AMELIA**

Ya no sabe una si es mejor tener novio o no.

**MARTIRIO**

Es lo mismo.

**AMELIA**

De todo tiene la culpa esta crítica que no nos deja vivir. Adelaida habrá pasado mal rato.

**MARTIRIO**

Le tiene miedo a nuestra madre. Es la única que conoce la historia de su padre y el origen de sus tierras. Siempre que viene le tira puñaladas en el asunto. Su padre mató en Cuba al marido de su primera mujer para casarse con ella. Luego aquí la abandonó y se fue con otra que tenía una hija y luego tuvo relaciones con esta muchacha, la madre de Adelaida, y se casó con ella después de haber muerto loca la segunda mujer.

**AMELIA**

Y ese infame, ¿por qué no está en la cárcel?

**MARTIRIO**

Porque los hombres se tapan unos a otros las cosas de esta índole y nadie es capaz de delatar.

**AMELIA**

Pero Adelaida no tiene culpa de esto.

**MARTIRIO**

No. Pero las cosas se repiten. Yo veo que todo es una terrible repetición. Y ella tiene el mismo sino de su madre y de su abuela, mujeres las dos del que la engendró.

**AMELIA**

¡Qué cosa más grande!

**MARTIRIO**

Es preferible no ver a un hombre nunca. Desde niña les tuve miedo. Los veía en el corral uncir los bueyes y levantar los costales de trigo entre voces y zapatazos y siempre tuve miedo de crecer por temor de encontrarme de pronto abrazada por ellos. Dios me ha hecho débil y fea y los ha apartado definitivamente de mí.

**AMELIA**

¡Eso no digas! Enrique Humanas estuvo detrás de ti y le gustabas.

**MARTIRIO**

¡Invenciones de la gente! Una vez estuve en camisa detrás de la ventana hasta que fue de día, porque me avisó con la hija de su gañán que iba a venir y no vino. Fue cosa de lenguas. Luego se casó con otra que tenía más que yo.

**AMELIA**

¡Y fea como un demonio!

**MARTIRIO**

¡Qué les importa a ellos la fealdad! A ellos les importa la tierra, las yuntas, y una perra sumisa que les dé de comer.

**AMELIA**

¡Ay! *(Entra* Magdalena )

**MAGDALENA**

¿Qué hacéis?

**MARTIRIO**

Aquí.

**AMELIA**

¿Y tú?

**MAGDALENA**

Vengo de correr las cámaras. Por andar un poco. De ver los cuadros bordados de cañamazo de nuestra abuela, el perrito de lanas y el negro luchando con el león, que tanto nos gustaba de niñas. Aquélla era una época más alegre. Una boda duraba diez días y no se usaban las malas lenguas. Hoy hay más finura, las novias se ponen de velo blanco como en las poblaciones y se bebe vino de botella, pero nos pudrimos por el qué dirán.

**MARTIRIO**

¡Sabe Dios lo que entonces pasaría!

**AMELIA** *(a* Magdalena*)*

Llevas desabrochados los cordones de un zapato.

**MAGDALENA**

¡Qué más da!

**AMELIA**

Te los vas a pisar y te vas a caer.

**MAGDALENA**

¡Una menos!

**MARTIRIO**

¿Y Adela?

¡Ah! Se ha puesto el traje verde que se hizo para estrenar el día de su cumpleaños, se ha ido al corral, y ha comenzado a voces. ¡Gallinas! ¡Gallinas, miradme! ¡Me he tenido que reír!

**AMELIA**
¡Si la hubiera visto madre!

**MAGDALENA**
¡Pobrecilla! Es la más joven de nosotras y tiene ilusión. Daría algo por verla feliz. *(Pausa.)*

*(Angustias cruza la escena con unas toallas en la mano.)*

**ANGUSTIAS**
¿Qué hora es?

**MAGDALENA**
Ya deben ser las doce.

**ANGUSTIAS**
¿Tanto?

**AMELIA**
Estarán al caer. *(Sale Angustias.)*

**MAGDALENA** *(con intención)*
¿Sabéis ya la cosa? *(Señalando a Angustias.)*

**AMELIA**
No.

**MAGDALENA**

¡Vamos!

**MARTIRIO**

No sé a qué cosa te refieres. . .

**MAGDALENA**

Mejor que ya lo sabéis las dos. Siempre cabeza con cabeza como dos ovejitas, pero sin desahogarse con nadie. ¡Lo de Pepe el Romano!

**MARTIRIO**

¡Ah!

**MAGDALENA** *(remedándola)*

¡Ah! Ya se comenta por el pueblo. Pepe el Romano viene a casarse con Angustias. Anoche estuvo rondando la casa y creo que pronto va a mandar un emisario.

**MARTIRIO**

Yo me alegro. Es buen hombre.

**AMELIA**

Yo también. Angustias tiene buenas condiciones.

**MAGDALENA**

Ninguna de las dos os alegráis.

**MARTIRIO**

¡Magdalena! ¡Mujer!

**MAGDALENA**

Si viniera por el tipo de Angustias, por Angustias

como mujer, yo me alegraría, pero viene por el dinero. Aunque Angustias es nuestra hermana, aquí estamos en familia y reconocemos que está vieja, enfermiza, y que siempre ha sido la que ha tenido menos méritos de todas nosotras. Porque si con veinte años parecía un palo vestido, ¡qué será ahora que tiene cuarenta!

MARTIRIO

No hables así. La suerte viene a quien menos la aguarda.

AMELIA

¡Después de todo dice la verdad! Angustias tiene todo el dinero de su padre, es la única rica de la casa y por eso ahora que nuestro padre ha muerto y ya se harán particiones vienen por ella.

MAGDALENA

Pepe el Romano tiene veinticinco años y es el mejor tipo de todos estos contornos. Lo natural sería que te pretendiera a ti, Amelia, o a nuestra Adela, que tiene veinte años, pero no que venga a buscar lo más oscuro de esta casa, a una mujer que, como su padre, habla con las narices.

MARTIRIO

¡Puede que a él le guste!

MAGDALENA

¡Nunca he podido resistir tu hipocresía!

**MARTIRIO**

¡Dios me valga! *(Entra* Adela.)

**MAGDALENA**

¿Te han visto ya las gallinas?

**ADELA**

¿Y qué queríais que hiciera?

**AMELIA**

¡Si te ve nuestra madre te arrastra del pelo!

**ADELA**

Tenía mucha ilusión con el vestido. Pensaba ponérmelo el día que vamos a comer sandías a la noria. No hubiera habido otro igual.

**MARTIRIO**

Es un vestido precioso.

**ADELA**

Y que me está muy bien. Es lo mejor que ha cortado Magdalena.

**MAGDALENA**

¿Y las gallinas qué te han dicho?

**ADELA**

Regalarme unas cuantas pulgas que me han acribillado las piernas. *(Ríen.)*

**MARTIRIO**

Lo que puedes hacer es teñirlo de negro.

**MAGDALENA**

Lo mejor que puedes hacer es regalárselo a Angustias para la boda con Pepe el Romano.

**ADELA** *(con emoción contenida)*

Pero Pepe el Romano. . .

**AMELIA**

¿No lo has oído decir?

**ADELA**

No.

**MAGDALENA**

¡Pues ya lo sabes!

**ADELA**

¡Pero si no puede ser!

**MAGDALENA**

¡El dinero lo puede todo!

**ADELA**

¿Por eso ha salido detrás del duelo y estuvo mirando por el portón? *(Pausa.)* Y ese hombre es capaz de. . .

**MAGDALENA**

Es capaz de todo. *(Pausa.)*

**MARTIRIO**

¿Qué piensas, Adela?

**ADELA**

Pienso que este luto me ha cogido en la peor época de mi vida para pasarlo.

**MAGDALENA**

Ya te acostumbrarás.

**ADELA** *(rompiendo a llorar con ira)*

No me acostumbraré. Yo no puedo estar encerrada. No quiero que se me pongan las carnes como a vosotras; no quiero perder mi blancura en estas habitaciones; mañana me pondré mi vestido verde y me echaré a pasear por la calle. ¡Yo quiero salir! *(Entra la* Criada.*)*

**MAGDALENA** *(autoritaria)*

¡Adela!

**CRIADA**

¡La pobre! ¡Cuánto ha sentido a su padre...! *(Sale.)*

**MARTIRIO**

¡Calla!

**AMELIA**

Lo que sea de una será de todas. (Adela *se calma.*)

**MAGDALENA**

Ha estado a punto de oírte la criada. *(Aparece la* Criada.)

**CRIADA**

Pepe el Romano viene por lo alto de la calle. (Amelia, Martirio y Magdalena *corren presurosas.*)

**46**

**MAGDALENA**

¡Vamos a verlo! (*Salen rápidas.*)

**CRIADA** *(a* Adela)

¿Tú no vas?

**ADELA**

No me importa.

**CRIADA**

Como dará la vuelta a la esquina, desde la ventana de tu cuarto se verá mejor. (*Sale la* Criada.)

(*Adela queda en escena dudando; después de un instante se va también rápida hasta su habitación.*)

(*Salen* Bernarda y La Poncia.)

**BERNARDA**

¡Malditas particiones!

**LA PONCIA**

¡¡Cuánto dinero le queda a Angustias!!

**BERNARDA**

Sí.

**LA PONCIA**

Y a las otras bastante menos.

**BERNARDA**

Ya me lo has dicho tres veces y no te he querido replicar. Bastante menos, mucho menos. No me lo recuerdes más. *(Sale* Angustias *muy compuesta de cara.)*

BERNARDA
    ¡Angustias!

ANGUSTIAS
    Madre.

BERNARDA
    ¿Pero has tenido valor de echarte polvos en la cara? ¿Has tenido valor de lavarte la cara el día de la muerte de tu padre?

ANGUSTIAS
    No era mi padre. El mío murió hace tiempo. ¿Es que ya no lo recuerda usted?

BERNARDA
    Más debes a este hombre, padre de tus hermanas, que al tuyo. Gracias a este hombre tienes colmada tu fortuna.

ANGUSTIAS
    ¡Eso lo teníamos que ver!

BERNARDA
    Aunque fuera por decencia. ¡Por respeto!

ANGUSTIAS
    Madre, déjeme usted salir.

**BERNARDA**

¿Salir? Después que te haya quitado esos polvos de la cara. ¡Suavona! ¡Yeyo! ¡Espejo de tus días! *(Le quita violentamente con un pañuelo los polvos.)* ¡Ahora, vete!

**LA PONCIA**

¡Bernarda, no seas tan inquisitiva!

**BERNARDA**

Aunque mi madre esté loca, yo estoy en mis cinco sentidos y sé perfectamente lo que hago. *(Entran todas.)*

**MAGDALENA**

¿Qué pasa?

**BERNARDA**

No pasa nada.

**MAGDALENA** *(a* Angustias)

Si es que discuten por las particiones, tú que eres la más rica te puedes quedar con todo.

**ANGUSTIAS**

Guárdate la lengua en la madriguera.

**BERNARDA** *(golpeando en el suelo)*

No os hagáis ilusiones de que vais a poder conmigo. ¡Hasta que salga de esta casa con los pies delante mandaré en lo mío y en lo vuestro!

*(Se oyen unas voces y entra en escena María Josefa, la madre de* Bernarda, *viejísima, ataviada con flores en la cabeza y en el pecho.)*

**MARIA JOSEFA**

Bernarda, ¿dónde está mi mantilla? Nada de lo que tengo quiero que sea para vosotras. Ni mis anillos ni mi traje negro de moaré. Porque ninguna de vosotras se va a casar. ¡Ninguna! Bernarda, dame mi gargantilla de perlas.

**BERNARDA** (a la Criada)

¿Por qué la habéis dejado entrar?

**CRIADA** (temblando)

¡Se me escapó!

**MARIA JOSEFA**

Me escapé porque me quiero casar, porque quiero casarme con un varón hermoso de la orilla del mar, ya que aquí los hombres huyen de las mujeres.

**BERNARDA**

¡Calle usted, madre!

**MARIA JOSEFA**

No, no me callo. No quiero ver a estas mujeres solteras, rabiando por la boda, haciéndose polvo el corazón, y yo me quiero ir a mi pueblo. Bernarda, yo quiero un varón para casarme y para tener alegría.

**BERNARDA**

¡Encerradla!

**MARIA JOSEFA**

¡Déjame salir, Bernarda!
(La Criada coge a María Josefa.)

**BERNARDA**

¡Ayudadla vosotras! *(Todas arrastran a la vieja.)*

**MARIA JOSEFA**

¡Quiero irme de aquí! ¡Bernarda! ¡A casarme a la orilla del mar, a la orilla del mar!

## TELON RAPIDO

## ACTO SEGUNDO

(Habitación blanca del interior de la casa de *Bernarda*. Las puertas de la izquierda dan a los dormitorios. Las hijas de *Bernarda* están sentadas en sillas bajas cosiendo. *Magdalena* borda. Con ellas está *La Poncia*.)

**ANGUSTIAS**
Ya he cortado la tercera sábana.

**MARTIRIO**
Le corresponde a Amelia.

**MAGDALENA**
Angustias, ¿pongo también las iniciales de Pepe?

**ANGUSTIAS** *(seca)*
No.

**MAGDALENA** *(a voces)*
Adela, ¿no vienes?

**AMELIA**

Estará echada en la cama.

**LA PONCIA**

Esa tiene algo. La encuentro sin sosiego, temblona, asustada como si tuviese una lagartija entre los pechos.

**MARTIRIO**

No tiene ni más ni menos que lo que tenemos todas.

**MAGDALENA**

Todas, menos Angustias.

**ANGUSTIAS**

Yo me encuentro bien y al que le duela que reviente.

**MAGDALENA**

Desde luego hay que reconocer que lo mejor que has tenido siempre es el talle y la delicadeza.

**ANGUSTIAS**

Afortunadamente, pronto voy a salir de este infierno.

**MAGDALENA**

¡A lo mejor no sales!

**MARTIRIO**

Dejar esa conversación.

**ANGUSTIAS**

Y además, ¡más vale onza en el arca que ojos negros en la cara!

**MAGDALENA**

Por un oído me entra y por otro me sale.

**AMELIA** *(a La Poncia)*

Abre la puerta del patio a ver si nos entra un poco de fresco. *(La Criada lo hace.)*

**MARTIRIO**

Esta noche pasada no me podía quedar dormida por el calor.

**AMELIA**

Yo tampoco.

**MAGDALENA**

Yo me levanté a refrescarme. Había un nublo negro de tormenta y hasta cayeron algunas gotas.

**LA PONCIA**

Era la una de la madrugada y subía fuego a la tierra. También me levanté yo. Todavía estaba Angustias con Pepe en la ventana.

**MAGDALENA** *(con ironía)*

¿Tan tarde? ¿A qué hora se fue?

**ANGUSTIAS**

Magdalena, ¿a qué preguntas si lo viste?

**AMELIA**

Se iría a eso de la una y media.

**ANGUSTIAS**

¿Sí? ¿Tú por qué lo sabes?

**AMELIA**

Lo sentí toser y oí los pasos de su jaca.

**LA PONCIA**

Pero si yo lo sentí marchar a eso de las cuatro.

**ANGUSTIAS**

No sería él.

**LA PONCIA**

Estoy segura.

**AMELIA**

A mí también me pareció.

**MAGDALENA**

¡Qué cosa más rara! *(Pausa.)*

**LA PONCIA**

Oye, Angustias. ¿Qué fue lo que te dijo la primera vez que se acercó a tu ventana?

**ANGUSTIAS**

Nada. ¡Qué me iba a decir? Cosas de conversación.

**MARTIRIO**

Verdaderamente es raro que dos personas que no se conocen se vean de pronto en una reja y ya novios.

**ANGUSTIAS**

Pues a mí no me chocó.

**AMELIA**

A mí me daría no sé qué.

**ANGUSTIAS**

No, porque cuando un hombre se acerca a una reja ya sabe por los que van y vienen, llevan y traen, que se le va a decir que sí.

**MARTIRIO**

Bueno: pero él te lo tendría que decir.

**ANGUSTIAS**

¡Claro!

**AMELIA** *(curiosa)*

¿Y cómo te lo dijo?

**ANGUSTIAS**

Pues nada: ya sabes que ando detrás de ti, necesito una mujer buena, modosa y ésa eres tú si me das la conformidad.

**AMELIA**

¡A mí me da vergüenza de estas cosas!

**ANGUSTIAS**

Y a mí, pero hay que pasarlas.

**LA PONCIA**

¿Y habló más?

**ANGUSTIAS**

Sí, siempre habló él.

**MARTIRIO**

¿Y tú?

**ANGUSTIAS**

Yo no hubiera podido. Casi se me salía el corazón por la boca. Era la primera vez que estaba sola de noche con un hombre.

**MAGDALENA**

Y un hombre tan guapo.

**ANGUSTIAS**

No tiene mal tipo.

**LA PONCIA**

Esas cosas pasan entre personas ya un poco instruidas, que hablan y dicen y mueven la mano... La primera vez que mi marido Evaristo el Colín vino a mi ventana... Ja, ja, ja.

**AMELIA**

¿Qué pasó?

**LA PONCIA**

Era muy oscuro. Lo vi acercarse y al llegar me dijo, buenas noches. Buenas noches, le dije yo, y nos quedamos callados más de media hora. Me corría el sudor por todo el cuerpo. Entonces Evaristo se acercó, que se quería meter por los hierros y dijo con voz muy baja: ¡ven que te tiente! *(Ríen todas.)* (Amelia *se levanta corriendo y espía por una puerta.*)

**AMELIA**

¡Ay! Creí que llegaba nuestra madre.

**MAGDALENA**

¡Buenas nos hubiera puesto! *(Siguen riendo.)*

**AMELIA**

Chisss... ¡Que nos van a oír!

**LA PONCIA**

Luego se portó bien. En vez de darle por otra cosa le dio por criar colorines hasta que se murió. A vosotras que sois solteras os conviene saber de todos modos que el hombre a los quince días de boda deja la cama por la mesa y luego la mesa por la tabernilla y la que no se conforma se pudre llorando en un rincón.

**AMELIA**

Tú te conformaste.

**LA PONCIA**

¡Yo pude con él!

**MARTIRIO**

¿Es verdad que le pegaste algunas veces?

**LA PONCIA**

Sí, y por poco si le dejo tuerto.

**MAGDALENA**

¡Así debían ser todas las mujeres!

**LA PONCIA**

Yo tengo la escuela de tu madre. Un día me dijo no sé qué cosa y le maté todos los colorines con la mano del almirez. *(Ríen.)*

**MAGDALENA**

Adela, niña, no te pierdas esto.

**AMELIA**

Adela. *(Pausa.)*

**MAGDALENA**

Voy a ver. *(Entra.)*

**LA PONCIA**

Esa niña está mala.

**MARTIRIO**

Claro, no duerme apenas.

**LA PONCIA**

¿Pues qué hace?

**MARTIRIO**

¡Yo qué sé lo que hace!

**LA PONCIA**

Mejor lo sabrás tú que yo, que duermes pared por medio.

**ANGUSTIAS**

La envidia la come.

**AMELIA**

No exageres.

**ANGUSTIAS**

Se lo noto en los ojos. Se le está poniendo mirar de loca.

**MARTIRIO**

No habléis de locos. Aquí es el único sitio donde no se puede pronunciar esta palabra. *(Sale* Magdalena *con Adela.)*

**MAGDALENA**

¿Pues no estaba dormida?

**ADELA**

Tengo mal cuerpo.

**MARTIRIO** *(con intención)*

¿Es que nos has dormido bien esta noche?

**ADELA**

Sí.

**MARTIRIO**

¿Entonces?

**ADELA** *(fuerte)*

¡Déjame ya! ¡Durmiendo o velando no tienes por

qué meterte en lo mío! ¡Yo hago con mi cuerpo lo que me parece!

**MARTIRIO**

¡Sólo es interés por ti!

**ADELA**

Interés o inquisición. ¿No estabais cosiendo? Pues seguí. ¡Quisiera ser invisible, pasar por las habitaciones sin que me preguntarais dónde voy!

**CRIADA** *(entra)*

Bernarda os llama. Está el hombre de los encajes. *(Salen.)* *(Al salir* Martirio *mira fijamente a* Adela.)

**ADELA**

¡No me mires más! Si quieres te daré mis ojos que son frescos y mis espaldas para que te compongas la joroba que tienes, pero vuelve la cabeza cuando yo paso. *(Se va* Martirio.)

**LA PONCIA**

¡Que es tu hermana y además la que más te quiere!

**ADELA**

Me sigue a todos lados. A veces se asoma a mi cuarto para ver si duermo. No me deja respirar. Y siempre, "¡qué lástima de cara!, ¡qué lástima de cuerpo, que no vaya a ser para nadie!" ¡Y eso no! Mi cuerpo será de quien yo quiera.

**LA PONCIA** *(con intención y en voz baja)*

De Pepe el Romano. ¿No es eso?

ADELA *(sobrecogida)*
¿Qué dices?

LA PONCIA
Lo que digo, Adela.

ADELA
¡Calla!

LA PONCIA *(alto)*
¿Crees que no me he fijado?

ADELA
¡Baja la voz!

LA PONCIA
¡Mata esos pensamientos!

ADELA
¿Qué sabes tú?

LA PONCIA
Las viejas vemos a través de las paredes. ¿Dónde vas de noche cuando te levantas?

ADELA
¡Ciega debías estar!

LA PONCIA
Con la cabeza y las manos llenas de ojos cuando se trata de lo que se trata. Por mucho que pienso no sé lo que te propones. ¿Por qué te pusiste casi desnuda con

la luz encendida y la ventana abierta al pasar Pepe el
segundo día que vino a hablar con tu hermana?

**ADELA**

¡Eso no es verdad!

**LA PONCIA**

No seas como los niños chicos. ¡Deja en paz a tu
hermana y si Pepe el Romano te gusta, te aguantas!
(Adela *llora.*) Además, ¿quién dice que no te puedes casar con él? Tu hermana Angustias es una enferma. Esa
no resiste el primer parto. Es estrecha de cintura, vieja,
y con mi conocimiento te digo que se morirá. Entonces
Pepe hará lo que hacen todos los viudos de esta tierra,
se casará con la más joven, la más hermosa y esa eres tú.
Alimenta esa esperanza, olvídalo, lo que quieras, pero
no vayas contra la ley de Dios.

**ADELA**

¡Calla!

**LA PONCIA**

¡No callo!

**ADELA**

Métete en tus cosas, ¡oledora!, ¡pérfida!

**LA PONCIA**

Sombra tuya he de ser.

**ADELA**

En vez de limpiar la casa y acostarte para rezar a tus

**64**

muertos buscas como una vieja marrana asuntos de hombres y mujeres para babosear en ellos.

**LA PONCIA**

¡Velo! Para que las gentes no escupan al pasar por esta puerta.

**ADELA**

¡Qué cariño tan grande te ha entrado de pronto por mi hermana!

**LA PONCIA**

No os tengo ley a ninguna, pero quiero vivir en casa decente. ¡No quiero mancharme de vieja!

**ADELA**

Es inútil tu consejo. Ya es tarde. Por encima de ti que eres una criada, por encima de mi madre saltaría para apagarme este fuego que tengo levantado por piernas y boca. ¿Qué puedes decir de mí? ¿Que me encierro en mi cuarto y no abro la puerta? ¿Que no duermo? ¡Soy más lista que tú! Mira a ver si puedes agarrar la liebre con tus manos.

**LA PONCIA**

No me desafíes, Adela, no me desafíes. Porque yo puedo dar voces, encender luces y hacer que toquen las campanas.

**ADELA**

Trae cuatro mil bengalas amarillas y ponlas en las bardas del corral. Nadie podrá evitar que suceda lo que tiene que suceder.

**LA PONCIA**

¡Tanto te gusta ese hombre!

**ADELA**

¡Tanto! Mirando sus ojos me parece que bebo su sangre lentamente.

**LA PONCIA**

Yo no te puedo oír.

**ADELA**

¡Pues me oirás! Te he tenido miedo. ¡Pero ya soy más fuerte que tú *(Entra* Angustias.)

**ANGUSTIAS**

¡Siempre discutiendo!

**LA PONCIA**

Claro. Se empeña que con el calor que hace vaya a traerle no se qué de la tienda.

**ANGUSTIAS**

¿Me compraste el bote de esencia?

**LA PONCIA**

El más caro. Y los polvos. En la mesa de tu cuarto los he puesto. *(Sale* Angustias.)

**ADELA**

¡Y chitón!

**LA PONCIA**

¡Lo veremos! *(Entran* Martirio, Amelia y Magdalena.)

**MAGDALENA** *(a* Adela)

¿Has visto los encajes?

**AMELIA**

Los de Angustias para sus sábanas de novia son preciosos.

**ADELA** *(a* Martirio, *que trae unos encajes)* ¿Y éstos?

**MARTIRIO**

Son para mí. Para una camisa.

**ADELA** *(con sarcasmo)*

Se necesita buen humor.

**MARTIRIO** *(con intención)*

Para verlos yo. No necesito lucirme ante nadie.

**LA PONCIA**

Nadie le ve a una en camisa.

**MARTIRIO** *(con intención y mirando a* Adela.)

¡A veces! Pero me encanta la ropa interior. Si fuera rica la tendría de Holanda. Es uno de los pocos gustos que me quedan.

**LA PONCIA**

Estos encajes son preciosos para las gorras de niño, para mantehuelos de cristianar. Yo nunca pude usarlos en los míos. A ver si ahora Angustias los usa en los suyos. Como le dé por tener crías vais a estar cosiendo mañana y tarde.

**MAGDALENA**

Yo no pienso dar una puntada.

**AMELIA**

Y mucho menos criar niños ajenos. Mira tú cómo están las vecinas del callejón, sacrificadas por cuatro monigotes.

**LA PONCIA**

Esas están mejor que vosotras. ¡Siquiera allí se ríe y se oyen porrazos!

**MARTIRIO**

Pues vete a servir con ellas.

**LA PONCIA**

No. Ya me ha tocado en suerte este convento. *(Se oyen unos campanillos lejanos como a través de varios muros.)*

**MAGDALENA**

Son los hombres que vuelven del trabajo.

**LA PONCIA**

Hace un minuto dieron las tres.

**MARTIRIO**

¡Con este sol!

**ADELA** *(sentándose)*

¡Ay, quién pudiera salir también a los campos!

**MAGDALENA** *(sentándose)*
¡Cada clase tiene que hacer lo suyo!

**MARTIRIO** *(sentándose)*
¡Así es!

**AMELIA** *(sentándose)*
¡Ay!

**LA PONCIA**
No hay alegría como la de los campos en esta época. Ayer de mañana llegaron los segadores. Cuarenta o cincuenta buenos mozos.

**MAGDALENA**
¿De dónde son este año?

**LA PONCIA**
De muy lejos. Vinieron de los montes. ¡Alegres! ¡Como árboles quemados! ¡Dando voces y arrojando piedras! Anoche llegó al pueblo una mujer vestida de lentejuelas y que bailaba con un acordeón y quince de ellos la contrataron para llevársela al olivar. Yo los vi de lejos. El que la contrataba era un muchacho de ojos verdes, apretado como una gavilla de trigo.

**AMELIA**
¿Es eso cierto?

**ADELA**
¡Pero es posible!

**LA PONCIA**

Hace años vino otra de éstas y yo misma di dinero a mi hijo mayor para que fuera. Los hombres necesitan estas cosas.

**ADELA**

Se les perdona todo.

**AMELIA**

Nacer mujer es el mayor castigo.

**MAGDALENA**

Y ni nuestros ojos siquiera nos pertenecen.

*(Se oye un cantar lejano que se va acercando.)*

**LA PONCIA**

Son ellos. Traen unos cantos preciosos.

**AMELIA**

Ahora salen a segar.

**CORO**

> Ya salen los segadores
> en busca de las espigas;
> se llevan los corazones
> de las muchachas que miran.

*(Se oyen panderos y carrañacas. Pausa. Todas oyen en un silencio traspasado por el sol.)*

**AMELIA**

¡Y no les importa el calor!

**MARTIRIO**

Siegan entre llamaradas.

**ADELA**

Me gustaría segar para ir y venir. Así se olvida lo que nos muerde.

**MARTIRIO**

¿Qué tienes tú que olvidar?

**ADELA**

Cada una sabe sus cosas.

**MARTIRIO** *(profunda)*

¡Cada una!

**LA PONCIA**

¡Callar! ¡Callar!

**CORO** *(muy lejano)*

Abrir puertas y ventanas
las que vivís en el pueblo,
el segador pide rosas
para adornar su sombrero.

**LA PONCIA**

¡Qué canto!

**MARTIRIO** *(con nostalgia)*

Abrir puertas y ventanas
las que vivís en el pueblo...

**ADELA** *(con pasión)*
> ...el segador pide rosas
> para adornar su sombrero.

*(Se va alejando el cantar.)*

**LA PONCIA**
Ahora dan la vuelta a la esquina.

**ADELA**
Vamos a verlos por la ventana de mi cuarto.

**LA PONCIA**
Tener cuidado con no entreabrirla mucho, porque son capaces de dar un empujón para ver quién mira. *(Se van las tres.)*

*(Martirio queda sentada en la silla baja con la cabeza entre las manos.)*

**AMELIA** *(acercándose)*
¿Qué te pasa?

**MARTIRIO**
Me sienta mal el calor.

**AMELIA**
¿No es más que eso?

**MARTIRIO**
Estoy deseando que llegue noviembre, los días de lluvias, la escarcha, todo lo que no sea este verano interminable.

**AMELIA**

Ya pasará y volvera otra vez.

**MARTIRIO**

¡Claro! *(Pausa.)* ¿A qué hora te dormiste anoche?

**AMELIA**

No sé. Yo duermo como un tronco, ¿por qué?

**MARTIRIO**

Por nada, pero me pareció oír gente en el corral.

**AMELIA**

¿Sí?

**MARTIRIO**

Muy tarde.

**AMELIA**

¿Y no tuviste miedo?

**MARTIRIO**

No. Ya lo he oído otras noches.

**AMELIA**

Debiéramos tener cuidado. ¿No serían los gañanes?

**MARTIRIO**

Los gañanes llegan a las seis.

**AMELIA**

Quizá una mulilla sin desbravar.

**MARTIRIO** *(entre dientes y llena de segunda intención)*
Eso, ¡eso!, una mulilla sin desbravar.

**AMELIA**
¡Hay que prevenir!

**MARTIRIO**
No. No. No digas nada, puede ser un barrunto mío.

**AMELIA**
Quizá. *(Pausa.)* (Amelia *inicia el mutis.)*

**MARTIRIO**
Amelia.

**AMELIA** *(en la puerta)*
¿Qué? *(Pausa.)*

**MARTIRIO**
Nada. *(Pausa.)*

**AMELIA**
¿Por qué me llamaste? *(Pausa.)*

**MARTIRIO**
Se me escapó. Fue sin darme cuenta. *(Pausa.)*

**AMELIA**
Acuéstate un poco.

**ANGUSTIAS** *(entrando furiosa en escena de modo que haya un gran contraste con los silencios anteriores)*

¿Dónde está el retrato de Pepe que tenía yo debajo de mi almohada? ¿Quién de vosotras lo tiene?

MARTIRIO
Ninguna.

AMELIA
Ni que Pepe fuera un San Bartolomé de plata.

ANGUSTIAS
¿Dónde está el retrato? *(Entran* La Poncia, Magdalena y Adela.)

ADELA
¿Qué retrato?

ANGUSTIAS
Una de vosotras me lo ha escondido.

MAGDALENA
¿Tienes la desvergüenza de decir esto?

ANGUSTIAS
Estaba en mi cuarto y ya no está.

MARTIRIO
¿Y no se habrá escapado a medianoche al corral? A Pepe le gusta andar con la luna.

ANGUSTIAS
¡No me gastes bromas! Cuando venga yo se lo contaré.

**LA PONCIA**

¡Eso no! ¡Porque aparecerá! *(Mirando a* Adela.*)*

**ANGUSTIAS**

¡Me gustaría saber cuál de vosotras lo tiene!

**ADELA** *(mirando a* Martirio*)*

¡Alguna! ¡Todas menos yo!

**MARTIRIO** *(con intención)*

¡Desde luego!

**BERNARDA** *(entrando)*

¿Qué escándalo es éste en mi casa y en el silencio del peso del calor? Estarán las vecinas con el oído pegado a los tabiques.

**ANGUSTIAS**

Me han quitado el retrato de mi novio.

**BERNARDA** *(fiera)*

¿Quién? ¿Quién?

**ANGUSTIAS**

¡Estas!

**BERNARDA**

¿Cuál de vosotras? *(Silencio.)* ¡Contestarme! *(Silencio.)* *(A* La Poncia.*)* Registra los cuartos, mira por las camas. Esto tiene no ataros más cortas. ¡Pero me vais a soñar! *(A* Angustias.*)* ¿Estás segura?

**ANGUSTIAS**

Sí.

**BERNARDA**

¿Lo has buscado bien?

**ANGUSTIAS**

Sí, madre. *(Todas están de pie en medio de un embarazoso silencio.)*

**BERNARDA**

Me hacéis al final de mi vida beber el veneno más amargo que una madre puede resistir. *(A* La Poncia.*)* ¿No lo encuentras?

**LA PONCIA** *(saliendo)*

Aquí está.

**BERNARDA**

¿Dónde lo has encontrado?

**LA PONCIA**

Estaba...

**BERNARDA**

Dilo sin temor.

**LA PONCIA** *(extrañada)*

Entre las sábanas de la cama de Martirio.

**BERNARDA** *(a* Martirio)

¿Es verdad?

**MARTIRIO**

¡Es verdad!

**BERNARDA** *(avanzando y golpeándola)*

Mala puñalada te den, ¡mosca muerta! ¡Sembradora de vidrios!

**MARTIRIO** *(fiera)*

¡No me pegue usted, madre!

**BERNARDA**

¡Todo lo que quiera!

**MARTIRIO**

¡Si yo la dejo! ¿Lo oye? ¡Retírese usted!

**LA PONCIA**

No faltes a tu madre.

**ANGUSTIAS** *(cogiendo a* Bernarda)

Déjela. ¡Por favor!

**BERNARDA**

Ni lágrimas te quedan en esos ojos.

**MARTIRIO**

No voy a llorar para darle gusto.

**BERNARDA**

¿Por qué has cogido el retrato?

**MARTIRIO**

¿Es que yo no puedo gastar una broma a mi hermana? ¿Para qué lo iba a querer?

**ADELA** *(saltando llena de celos)*

No ha sido broma, que tú nunca has gustado jamás de juegos. Ha sido otra cosa que te reventaba en el pecho por querer salir. Dilo ya claramente.

**MARTIRIO**

¡Calla y no me hagas hablar, que si hablo se van a juntar las paredes unas con otras de vergüenza!

**ADELA**

¡La mala lengua no tiene fin para inventar!

**BERNARDA**

¡Adela!

**MAGDALENA**

Estáis locas.

**AMELIA**

Y nos apedreáis con malos pensamientos.

**MARTIRIO**

Otras hacen cosas más malas.

**ADELA**

Hasta que se pongan en cueros de una vez y se las lleve el río.

**BERNARDA**

¡Perversa!

**ANGUSTIAS**

Yo no tengo la culpa de que Pepe el Romano se haya fijado en mí.

**ADELA**

¡Por tus dineros!

**ANGUSTIAS**

¡Madre!

**BERNARDA**

¡Silencio!

**MARTIRIO**

Por tus marjales y tus arboledas.

**MAGDALENA**

¡Eso es lo justo!

**BERNARDA**

¡Silencio digo! Yo veía la tormenta venir, pero no creía que estallara tan pronto. ¡Ay, qué pedrisco de odio habéis echado sobre mi corazón! Pero todavía no soy una anciana y tengo cinco cadenas para vosotras y esta casa levantada por mi padre para que ni las hierbas se enteren de mi desolación. ¡Fuera de aquí! *(Salen. Bernarda se sienta desolada. La Poncia está de pie arrimada a los muros. Bernarda reacciona, da un golpe en el suelo y dice.)* ¡Tendré que sentarles la mano! Bernarda: acuérdate que ésta es tu obligación.

**LA PONCIA**

¿Puedo hablar?

**BERNARDA**

Habla. Siento que hayas oído. Nunca está bien una extraña en el centro de la familia.

**LA PONCIA**

Lo visto, visto está.

**BERNARDA**

Angustias tiene que casarse en seguida.

**LA PONCIA**

Claro; hay que retirarla de aquí.

**BERNARDA**

No a ella. ¡A él!

**LA PONCIA**

Claro. A él hay que alejarlo de aquí. Piensas bien.

**BERNARDA**

No pienso. Hay cosas que no se pueden ni se deben pensar. Yo ordeno.

**LA PONCIA**

¿Y tú crees que él querrá marcharse?

**BERNARDA** *(levantándose)*

¿Qué imagina tu cabeza?

**LA PONCIA**

El, ¡claro!, se casará con Angustias.

**BERNARDA**

Habla, te conozco demasiado para saber que ya me tienes preparada la cuchilla.

**LA PONCIA**

Nunca pensé que se llamara asesinato al aviso.

**BERNARDA**

¿Me tienes que prevenir algo?

**LA PONCIA**

Yo no acuso, Bernarda. Yo sólo te digo: abre los ojos y verás.

**BERNARDA**

¿Y verás qué?

**LA PONCIA**

Siempre has sido lista. Has visto lo malo de las gentes a cien leguas; muchas veces creí que adivinabas los pensamientos. Pero los hijos son los hijos. Ahora estás ciega.

**BERNARDA**

¿Te refieres a Martirio?

**LA PONCIA**

Bueno, a Martirio... *(Con curiosidad.)* ¿Por qué habrá escondido el retrato?

**BERNARDA** *(queriendo ocultar a su hija)*

Después de todo, ella dice que ha sido una broma. ¿Qué otra cosa puede ser?

**LA PONCIA**

¿Tú lo crees así? *(Con sorna.)*

**BERNARDA** (enérgica)

No lo creo. ¡Es así!

**LA PONCIA**

Basta. Se trata de lo tuyo. Pero si fuera la vecina de enfrente, ¿qué sería?

**BERNARDA**

Ya empiezas a sacar la punta del cuchillo.

**LA PONCIA** (siempre con crueldad)

Bernarda: aquí pasa una cosa muy grande. Yo no te quiero echar la culpa, pero tú no has dejado a tus hijas libres. Martirio es enamoradiza, digas lo que tú quieras. ¿Por qué no la dejaste casar con Enrique Humanas? ¿Por qué el mismo día que iba a venir a la ventana le mandaste recado que no viniera?

**BERNARDA**

¡Y lo haría mil veces! ¡Mi sangre no se junta con la de los Humanas mientras yo viva! Su padre fue gañán.

**LA PONCIA**

¡Y así te va a ti con esos humos!

**BERNARDA**

Los tengo porque puedo tenerlos. Y tú no los tienes porque sabes muy bien cuál es tu origen.

**LA PONCIA** (con odio)

No me lo recuerdes. Estoy ya vieja. Siempre agradecí tu protección.

**BERNARDA** *(crecida)*
¡No lo parece!

**LA PONCIA** *(con odio envuelto en suavidad)*
A Martirio se le olvidará esto.

**BERNARDA**
Y si no lo olvida peor para ella. No creo que ésta sea la "cosa muy grande" que aquí pasa. Aquí no pasa nada. ¡Eso quisieras tú! Y si pasa algún día, estáte segura que no traspasará las paredes.

**LA PONCIA**
Eso no lo sé yo. En el pueblo hay gentes que leen también de lejos los pensamientos escondidos.

**BERNARDA**
¡Cómo gozarías de vernos a mí y a mis hijas camino del lupanar!

**LA PONCIA**
¡Nadie puede conocer su fin!

**BERNARDA**
¡Yo sí sé mi fin! ¡Y el de mis hijas! El lupanar se queda para alguna mujer ya difunta.

**LA PONCIA**
¡Bernarda, respeta la memoria de mi madre!

**BERNARDA**
¡No me persigas tú con tus malos pensamientos!

**LA PONCIA** *(pausa)*

Mejor será que no me meta en nada.

**BERNARDA**

Eso es lo que debías hacer. Obrar y callar a todo. Es la obligación de los que viven a sueldo.

**LA PONCIA**

Pero no se puede. ¿A ti no te parece que Pepe estaría mejor casado con Martirio o... ¡sí! con Adela?

**BERNARDA**

No me parece.

**LA PONCIA**

Adela. ¡Esa es la verdadera novia del Romano!

**BERNARDA**

Las cosas no son nunca a gusto nuestro.

**LA PONCIA**

Pero les cuesta mucho trabajo desviarse de la verdadera inclinación. A mí me parece mal que Pepe esté con Angustias y a las gentes y hasta al aire. ¡Quién sabe si se saldrán con la suya!

**BERNARDA**

¡Ya estamos otra vez!... Te deslizas para llenarme de malos sueños. Y no quiero entenderte porque si llegara al alcance de todo lo que dices te tendría que arañar.

**LA PONCIA**

¡No llegará la sangre al río!

**BERNARDA**

Afortunadamente mis hijas me respetan y jamás torcieron mi voluntad.

**LA PONCIA**

¡Eso sí! Pero en cuanto las dejes sueltas se te subirán al tejado.

**BERNARDA**

¡Ya las bajaré tirándoles cantos!

**LA PONCIA**

¡Desde luego eres la más valiente!

**BERNARDA**

¡Siempre gasté sabrosa pimienta!

**LA PONCIA**

¡Pero lo que son las cosas! A su edad. ¡Hay que ver el entusiasmo de Angustias con su novio! ¡Y él también parece muy picado! Ayer me contó mi hijo mayor que a las cuatro y media de la madrugada que pasó por la calle con la yunta, estaban hablando todavía.

**BERNARDA**

¡A las cuatro y media!

**ANGUSTIAS** *(saliendo)*

¡Mentira!

**LA PONCIA**

Eso me contaron.

**BERNARDA** *(a* Angustias)
    ¡Habla!

**ANGUSTIAS**
    Pepe lleva más de una semana marchándose a la
una. Que Dios me mate si miento.

**MARTIRIO** *(saliendo)*
    Yo también lo sentí marcharse a las cuatro.

**BERNARDA**
    ¿Pero lo viste con tus ojos?

**MARTIRIO**
    No quise asomarme. ¿No habláis ahora por la ven-
tana del callejón?

**ANGUSTIAS**
    Yo hablo por la ventana de mi dormitorio.
    *(Aparece* Adela *en la puerta.)*

**MARTIRIO**
    Entonces. . .

**BERNARDA**
    ¿Qué es lo que pasa aquí?

**LA PONCIA**
    ¡Cuida de enterarte! Pero, desde luego, Pepe estaba
a las cuatro de la madrugada en una reja de tu casa.

**BERNARDA**
    ¿Lo sabes seguro?

**LA PONCIA**

Seguro no se sabe nada en esta vida.

**ADELA**

Madre, no oiga usted a quien nos quiere perder a todas.

**BERNARDA**

¡Yo sabré enterarme! Si las gentes del pueblo quieren levantar falsos testimonios se encontrarán con mi pedernal. No se hable de este asunto. Hay a veces una ola de fango que levantan los demás para perdernos.

**MARTIRIO**

A mí no me gusta mentir.

**LA PONCIA**

Y algo habrá.

**BERNARDA**

No habrá nada. Nací para tener los ojos abiertos. Ahora vigilaré sin cerrarlos ya hasta que me muera.

**ANGUSTIAS**

Yo tengo derecho de enterarme.

**BERNARDA**

Tú no tienes derecho más que a obedecer. Nadie me traiga ni me lleve. (*A* La Poncia.) Y tú te metes en los asuntos de tu casa. ¡Aquí no se vuelve a dar un paso sin que yo lo sienta!

**CRIADA** (*entrando*)

En lo alto de la calle hay un gran gentío y todos los vecinos están en sus puertas.

BERNARDA *(a* La Poncia.)
¡Corre a enterarte de lo que pasa!

*(Las mujeres corren para salir.)*

¿Dónde vais? Siempre os supe mujeres ventaneras y rompedoras de su luto. ¡Vosotras, al patio!
*(Salen y sale* Bernarda. *Se oyen rumores lejanos. Entran* Martirio *y* Adela, *que se quedan escuchando y sin atreverse a dar un paso más de la puerta de salida.)*

MARTIRIO
Agradece a la casualidad que no desaté mi lengua.

ADELA
También hubiera hablado yo.

MARTIRIO
¿Y qué ibas a decir? ¡Querer no es hacer!

ADELA
Hace la que puede y la que se adelanta. Tú querías, pero nos has podido.

MARTIRIO
No seguirás mucho tiempo.

ADELA
¡Lo tendré todo!

MARTIRIO
Yo romperé tus brazos.

**ADELA** *(suplicante)*
¡Martirio, déjame!

**MARTIRIO**
¡De ninguna!

**ADELA**
El me quiere para su casa.

**MARTIRIO**
¡He visto cómo te abrazaba!

**ADELA**
Yo no quería. He sido como arrastrada por una maroma.

**MARTIRIO**
¡Primero muerta!

*(Se asoman* Magdalena y Angustias. *Se siente crecer el tumulto.)*

**LA PONCIA** *(entrando con* Bernarda)
¡Bernarda!

**BERNARDA**
¿Qué ocurre?

**LA PONCIA**
La hija de la Librada, la soltera, tuvo un hijo no se sabe con quién.

**ADELA**
¿Un hijo?

**LA PONCIA**

Y para ocultar su vergüenza lo mató y lo metió debajo de unas piedras, pero unos perros con más corazón que muchas criaturas, lo sacaron y como llevados por la mano de Dios lo han puesto en el tranco de su puerta. Ahora la quieren matar. La traen arrastrando por la calle abajo, y por las trochas y los terrenos del olivar vienen los hombres corriendo dando unas voces que estremecen los campos.

**BERNARDA**

Sí, que vengan todos con varas de olivo y mangos de azadones, que vengan todos para matarla.

**ADELA**

No, no. Para matarla, no.

**MARTIRIO**

Sí, y vamos a salir también nosotras.

**BERNARDA**

Y que pague la que pisotea la decencia.
*(Fuera se oye un grito de mujer y un gran rumor.)*

**ADELA**

¡Que la dejen escapar! ¡No salgáis vosotras!

**MARTIRIO** *(mirando a* Adela)

¡Que pague lo que debe!

**BERNARDA** *(bajo el arco)*

¡Acabar con ella antes que lleguen los guardias! ¡Carbón ardiendo en el sitio de su pecado!

**ADELA** *(cogiéndose el vientre)*
   ¡No! ¡No!

**BERNARDA**
   ¡Matadla! ¡Matadla!

# TELON

## ACTO TERCERO

(Cuatro paredes blancas ligeramente azuladas del patio interior de la casa de *Bernarda*. Es de noche. El decorado ha de ser de una perfecta simplicidad. Las puertas iluminadas por la luz de los interiores dan un tenue fulgor a la escena.)

(En el centro una mesa con un quinqué, donde están comiendo *Bernarda* y sus hijas. *La Poncia* las sirve. *Prudencia* está sentada aparte.)

(Al levantarse el telón hay un gran silencio interrumpido por el ruido de platos y cubiertos.)

**PRUDENCIA**

Ya me voy. Os he hecho una visita larga. *(Se levanta.)*

**BERNARDA**

Espérate, mujer. No nos vemos nunca.

**PRUDENCIA**

¿Han dado el último toque para el rosario?

**LA PONCIA**

Todavía no. (Prudencia *se sienta.*)

**BERNARDA**

¿Y tu marido cómo sigue?

**PRUDENCIA**

Igual.

**BERNARDA**

Tampoco lo vemos.

**PRUDENCIA**

Ya sabes sus costumbres. Desde que se peleó con sus hermanos por la herencia no ha salido por la puerta de la calle. Pone una escalera y salta las tapias y el corral.

**BERNARDA**

Es un verdadero hombre. ¿Y con tu hija?

**PRUDENCIA**

No la ha perdonado.

**BERNARDA**

Hace bien.

**PRUDENCIA**

No sé qué te diga. Yo sufro por esto.

**BERNARDA**

Una hija que desobedece deja de ser hija para convertirse en una enemiga.

**PRUDENCIA**

Yo dejo que el agua corra. No me queda más consuelo que refugiarme en la iglesia, pero como estoy quedando sin vista tendré que dejar de venir para que no jueguen con una los chiquillos.

*(Se oye un gran golpe dado en los muros.)*

¿Qué es eso?

**BERNARDA**

El caballo garañón que está encerrado y da coces contra el muro. *(A voces.)* ¡Trabadlo y que salga al corral! *(En voz baja.)* Debe tener calor.

**PRUDENCIA**

¿Vais a echarle las potras nuevas?

**BERNARDA**

Al amanecer.

**PRUDENCIA**

Has sabido acrecentar tu ganado.

**BERNARDA**

A fuerza de dinero y sinsabores.

**LA PONCIA** *(interrumpiendo)*

Pero tiene la mejor manada de estos contornos. Es una lástima que esté bajo de precio.

**BERNARDA**

¿Quieres un poco de queso y miel?

**PRUDENCIA**

Estoy desganada.

*(Se oye otra vez el golpe.)*

**LA PONCIA**

¡Por Dios!

**PRUDENCIA**

¡Me ha retemblado dentro del pecho!

**BERNARDA** *(levantándose furiosa)*

¿Hay que decir las cosas dos veces? ¡Echadlo que se revuelque en los montones de paja! *(Pausa, y como hablando con los gañanes.)* Pues encerrad las potras en la cuadra, pero dejadlo libre no sea que nos eche abajo las paredes. *(Se dirige a la mesa y se sienta otra vez.)* ¡Ay qué vida!

**PRUDENCIA**

Bregando como un hombre.

**BERNARDA**

Así es. (Adela *se levanta de la mesa.*) ¿Dónde vas?

**ADELA**

A beber agua.

**BERNARDA** *(en alta voz)*

Trae un jarro de agua fresca. *(A* Adela.) Puedes sentarte. (Adela *se sienta.*)

**PRUDENCIA**

Y Angustias, ¿cuándo se casa?

**BERNARDA**

Vienen a pedirla dentro de tres días.

**PRUDENCIA**

¡Estarás contenta!

**ANGUSTIAS**

¡Claro!

**ADELA** *(a* Magdalena)
Ya· has derramado la sal.

**MAGDALENA**
Peor suerte que tienes no vas a tener.

**AMELIA**
Siempre trae mala sombra.

**BERNARDA**
¡Vamos!

**PRUDENCIA** *(a* Angustias)
¿Te ha regalado ya el anillo?

**ANGUSTIAS**
Mírelo usted. *(Se lo alarga.)*

**PRUDENCIA**
Es precioso. Tres perlas. En mi tiempo las perlas significaban lágrimas.

**ANGUSTIAS**
Pero ya las cosas han cambiado.

**ADELA**
Yo creo que no. Las cosas significan siempre lo mismo. Los anillos de pedida deben ser de diamantes.

**PRUDENCIA**
Es más propio.

**BERNARDA**
Con perlas o sin ellas las cosas son como uno se las propone.

**MARTIRIO**

O como Dios dispone.

**PRUDENCIA**

Los muebles me han dicho que son preciosos.

**BERNARDA**

Dieciséis mil reales he gastado.

**LA PONCIA** *(interviniendo)*

Lo mejor es el armario de luna.

**PRUDENCIA**

Nunca vi un mueble de éstos.

**BERNARDA**

Nosotras tuvimos arca.

**PRUDENCIA**

Lo preciso es que todo sea para bien.

**ADELA**

Que nunca se sabe.

**BERNARDA**

No hay motivo para que no lo sea. *(Se oyen lejanísimas unas campanas.)*

**PRUDENCIA**

El último toque. *(A* Angustias.) Ya vendré a que me enseñes la ropa.

**ANGUSTIAS**

Cuando usted quiera.

**PRUDENCIA**
Buenas noches nos dé Dios.

**BERNARDA**
Adiós, Prudencia.

**LAS CINCO A LA VEZ**
Vaya usted con Dios. *(Pausa. Sale Prudencia.)*

**BERNARDA**
Ya hemos comido. *(Se levantan.)*

**ADELA**
Voy a llegarme hasta el portón para estirar las piernas y tomar un poco de fresco.

*(Magdalena se sienta en una silla baja retrepada contra la pared.)*

**AMELIA**
Yo voy contigo.

**MARTIRIO**
Y yo.

**ADELA** *(con odio contenido)*
No me voy a perder.

**AMELIA**
La noche quiere compaña. *(Salen.)*

*(Bernarda se sienta y Angustias está arreglando la mesa.)*

**BERNARDA**

Ya te he dicho que quiero que hables con tu hermana Martirio. Lo que pasó del retrato fue una broma y lo debés olvidar.

**ANGUSTIAS**

Usted sabe que ella no me quiere.

**BERNARDA**

Cada uno sabe lo que piensa por dentro. Yo no me meto en los corazones, pero quiero buena fachada y armonía familiar. ¿Lo entiendes?

**ANGUSTIAS**

Sí.

**BERNARDA**

Pues ya está.

**MAGDALENA** *(casi dormida)*

Además, ¡si te vas a ir antes de nada! *(Se duerme.)*

**ANGUSTIAS**

Tarde me parece.

**BERNARDA**

¿A qué hora terminaste anoche de hablar?

**ANGUSTIAS**

A las doce y media.

**BERNARDA**

¿Qué cuenta Pepe?

**ANGUSTIAS**

Yo lo encuentro distraído. Me habla siempre como pensando en otra cosa. Si le pregunto qué le pasa, me contesta: "Los hombres tenemos nuestras preocupaciones".

**BERNARDA**

No le debes preguntar. Y cuando te cases, menos. Habla si él habla y míralo cuando te mire. Así no tendrás disgustos.

**ANGUSTIAS**

Yo creo, madre, que él me oculta muchas cosas.

**BERNARDA**

No procures descubrirlas, no le preguntes, y, desde luego, que no te vea llorar jamás.

**ANGUSTIAS**

Debía estar contenta y no lo estoy.

**BERNARDA**

Eso es lo mismo.

**ANGUSTIAS**

Muchas veces miro a Pepe con mucha fijeza y se me borra a través de los hierros, como si lo tapara una nube de polvo de las que levantan los rebaños.

**BERNARDA**

Eso son cosas de debilidad.

**ANGUSTIAS**

¡Ojalá!

**BERNARDA**

¿Viene esta noche?

**ANGUSTIAS**

No. Fue con su madre a la capital.

**BERNARDA**

Así nos acostaremos antes. ¡Magdalena!

**ANGUSTIAS**

Está dormida. *(Entran* Adela, Martirio y Amelia.)

**AMELIA**

¡Qué noche más oscura!

**ADELA**

No se ve a dos pasos de distancia.

**MARTIRIO**

Una buena noche para ladrones, para el que necesita escondrijo.

**ADELA**

El caballo garañón estaba en el centro del corral ¡blanco! Doble de grande, llenando todo lo oscuro.

**AMELIA**

Es verdad. Daba miedo. Parecía una aparición.

**ADELA**

Tiene el cielo unas estrellas como puños.

**MARTIRIO**

Esta se puso a mirarlas de modo que se iba a tronchar el cuello.

**ADELA**

¿Es que no te gustan a ti?

**MARTIRIO**

A mí las cosas de tejas arriba no me importan nada. Con lo que pasa dentro de las habitaciones tengo bastante.

**ADELA**

Así te va a ti.

**BERNARDA**

A ella le va en lo suyo como a ti en lo tuyo.

**ANGUSTIAS**

Buenas noches.

**ADELA**

¿Ya te acuestas?

**ANGUSTIAS**

Sí. Esta noche no viene Pepe. *(Sale.)*

**ADELA**

Madre. ¿Por qué cuando se corre una estrella o luce un relámpago se dice:

> Santa Bárbara bendita
> que en el cielo estás escrita
> con papel y agua bendita?

**BERNARDA**

Los antiguos sabían muchas cosas que hemos olvidado.

**AMELIA**

Yo cierro los ojos para no verlas.

**ADELA**

Yo no. A mí me gusta ver correr lleno de lumbre lo que está quieto y quieto años enteros.

**MARTIRIO**

Pero estas cosas nada tienen que ver con nosotros.

**BERNARDA**

Y es mejor no pensar en ellas.

**ADELA**

¡Qué noche más hermosa! Me gustaría quedarme hasta muy tarde para disfrutar el fresco del campo.

**BERNARDA**

Pero hay que acostarse. ¡Magdalena!

**AMELIA**

Está en el primer sueño.

**BERNARDA**

¡Magdalena!

**MAGDALENA** *(disgustada)*

¡Dejarme en paz!

**BERNARDA**

¡A la cama!

**MAGDALENA** *(levantándose malhumorada)*

¡No la dejáis a una tranquila! *(Se va refunfuñando.)*

**AMELIA**

Buenas noches. *(Se va.)*

**BERNARDA**

Andar vosotras también.

**MARTIRIO**

¿Cómo es que esta noche no viene el novio de Angustias?

**BERNARDA**

Fue de viaje.

**MARTIRIO** *(mirando a* Adela)

¡Ah!

**ADELA**

Hasta mañana. *(Sale.)* (Martirio *bebe agua y sale lentamente mirando hacia la puerta del corral.*)

**LA PONCIA** *(saliendo)*

¿Estás todavía aquí?

**BERNARDA**

Disfrutando este silencio y sin lograr ver por parte alguna "la cosa tan grande" que aquí pasa según tú.

**LA PONCIA**

Bernarda, dejemos esa conversación.

**BERNARDA**

En esta casa no hay un sí ni un no. Mi vigilancia lo puede todo.

**LA PONCIA**

No pasa nada por fuera. Eso es verdad. Tus hijas están y viven como metidas en alacenas. Pero ni tú ni nadie puede vigilar por el interior de los pechos.

**BERNARDA**

Mis hijas tienen la respiración tranquila.

**LA PONCIA**

Eso te importa a ti que eres su madre. A mí con servir tu casa tengo bastante.

**BERNARDA**

Ahora te has vuelto callada.

**LA PONCIA**

Me estoy en mi sitio y en paz.

**BERNARDA**

Lo que pasa es que no tienes nada que decir. Si en esta casa hubiera hierbas ya te encargarías de traer a pastar las ovejas del vecindario.

**LA PONCIA**

Yo tapo más de lo que te figuras.

**BERNARDA**

¿Sigue tu hijo viendo a Pepe a las cuatro de la mañana? ¿Siguen diciendo todavía la mala letanía de esta casa?

**LA PONCIA**

No dicen nada.

**BERNARDA**

Porque no pueden. Porque no hay carne donde morder. A la vigilancia de mis ojos se debe esto.

**LA PONCIA**

Bernarda: yo no quiero hablar porque temo tus intenciones. Pero no estés segura.

**BERNARDA**

¡Segurísima!

**LA PONCIA**

A lo mejor de pronto cae un rayo. A lo mejor, de pronto, un golpe te para el corazón.

**BERNARDA**

Aquí no pasa nada. Ya estoy alerta contra tus suposiciones.

**LA PONCIA**

Pues mejor para ti.

**BERNARDA**

¡No faltaba más!

**CRIADA** (*entrando*)

Ya terminé de fregar los platos. ¿Manda usted algo, Bernarda?

**BERNARDA** (*levantándose*)

Nada. Voy a descansar.

**LA PONCIA**

¿A qué hora quieres que te llame?

**BERNARDA**

A ninguna. Esta noche voy a dormir bien. *(Se va.)*

**LA PONCIA**

Cuando una no puede con el mar lo más fácil es volver las espaldas para no verlo.

**CRIADA**

Es tan orgullosa que ella misma se pone una venda en los ojos.

**LA PONCIA**

Yo no puedo hacer nada. Quise atajar las cosas, pero ya me asustan demasiado. ¿Tú ves este silencio? Pues hay una tormenta en cada cuarto. El día que estallen nos barrerán a todas. Yo he dicho lo que tenía que decir.

**CRIADA**

Bernarda cree que nadie puede con ella y no sabe la fuerza que tiene un hombre entre mujeres solas.

**LA PONCIA**

No es toda la culpa de Pepe el Romano. Es verdad que el año pasado anduvo detrás de Adela y ésta estaba loca por él, pero ella debió estarse en su sitio y no provocarlo. Un hombre es un hombre.

**CRIADA**

Hay quien cree que habló muchas veces con Adela.

**LA PONCIA**

Es verdad. *(En voz baja.)* Y otras cosas.

**CRIADA**

No sé lo que va a pasar aquí.

**LA PONCIA**

A mí me gustaría cruzar el mar y dejar esta casa de guerra.

**CRIADA**

Bernarda está aligerando la boda y es posible que nada pase.

**LA PONCIA**

Las cosas se han puesto ya demasiado maduras. Adela está decidida a lo que sea y las demás vigilan sin descanso.

**CRIADA**

¿Y Martirio también?...

**LA PONCIA**

Esa es la peor. Es un pozo de veneno. Ve que el Romano no es para ella y hundiría el mundo si estuviera en su mano.

**CRIADA**

¡Es que son malas!

**LA PONCIA**

Son mujeres sin hombre, nada más. En estas cuestiones se olvida hasta la sangre. ¡Chisssssss! *(Escucha.)*

**CRIADA**

¿Qué pasa?

**LA PONCIA** *(se levanta)*

Están ladrando los perros.

**CRIADA**

Debe haber pasado alguien en el portón. *(Sale Adela en enaguas blancas y corpiño.)*

**LA PONCIA**

¿No te habías acostado?

**ADELA**

Voy a beber agua. *(Bebe en un vaso de la mesa.)*

**LA PONCIA**

Yo te suponía dormida.

**ADELA**

Me despertó la sed. ¿Y vosotras, no descansáis?

**CRIADA**

Ahora. *(Sale Adela.)*

**LA PONCIA**

Vámonos.

**CRIADA**

Ganado tenemos el sueño. Bernarda no me deja descansar en todo el día.

**LA PONCIA**

Llévate la luz.

**CRIADA**

Los perros están como locos.

**LA PONCIA**

No nos van a dejar dormir. *(Salen.)*

*(La escena queda casi a oscuras. Sale María Josefa con una oveja en los brazos.)*

**MARIA JOSEFA**

Ovejita, niño mío,
vámonos a la orilla del mar.
La hormiguita estará en su puerta,
yo te daré la teta y el pan.

Bernarda,
cara de leoparda.
¡Ovejita!
Magdalena,
cara de hiena.
Meee, meee.
Vamos a los ramos del portal de Belén.

Ni tú ni yo queremos dormir;
la puerta sola se abrirá
y en la playa nos meteremos
en una choza de coral.

Bernarda,
cara de leoparda.

Magdalena,
cara de hiena.

¡Ovejita!
Meee, meee.
Vamos a los ramos del portal de Belén.

**111**

*(Se va cantando.)*

*(Entra Adela. Mira a un lado y otro con sigilo y desaparece por la puerta del corral. Sale Martirio por otra puerta y queda en angustioso acecho en el centro de la escena. También va en enaguas. Se cubre con un pequeño mantón negro de talle. Sale por enfrente de ella María Josefa.)*

**MARTIRIO**

Abuela, ¿dónde va usted?

**MARIA JOSEFA**

¿Vas a abrirme la puerta? ¿Quién eres tú?

**MARTIRIO**

¿Cómo está aquí?

**MARIA JOSEFA**

Me escapé. ¿Tú quién eres?

**MARTIRIO**

Vaya a acostarse.

**MARIA JOSEFA**

Tú eres Martirio, ya te veo. Martirio, cara de Martirio. ¿Y cuándo vas a tener un niño? Yo he tenido éste.

**MARTIRIO**

¿Dónde cogió esa oveja?

**MARIA JOSEFA**

Ya sé que es una oveja. Pero ¿por qué una oveja no va a ser un niño? Mejor es tener una oveja que no tener nada. Bernarda, cara de Leoparda, Magdalena, cara de hiena.

**MARTIRIO**

No dé voces.

**MARIA JOSEFA**

Es verdad. Está todo muy oscuro. Como tengo el pelo blanco crees que no puedo tener crías, y sí, crías y crías y crías. Este niño tendrá el pelo blanco y tendrá otro niño, y éste, otro, y todos con el pelo de nieve, seremos como las olas, una y otra y otra. Luego nos sentaremos todos y todos tendremos el cabello blanco y seremos espuma. ¿Por qué aquí no hay espumas? Aquí no hay más que mantos de luto.

**MARTIRIO**

Calle, calle.

**MARIA JOSEFA**

Cuando mi vecina tenía un niño yo le llevaba chocolate y luego ella me lo traía a mí y así siempre, siempre, siempre. Tú tendrás el pelo blanco, pero no vendrán las vecinas. Yo tengo que marcharme, pero tengo miedo que los perros me muerdan. ¿Me acompañarás tú a salir al campo? Yo quiero campo. Yo quiero casas, pero casas abiertas y las vecinas acostadas en sus camas con sus niños chiquitos y los hombres fuera sentados en sus sillas. Pepe el Romano es un gigante. Todas lo queréis. Pero él os va a devorar porque vosotras sois granos de trigo. No granos de trigo. ¡Ranas sin lengua!

**MARTIRIO**

Vamos. Váyase a la cama. *(La empuja.)*

**113**

**MARIA JOSEFA**

Sí, pero luego tú me abrirás, ¿verdad?

**MARTIRIO**

De seguro.

**MARIA JOSEFA** *(llorando)*

Ovejita, niño mío.
Vámonos a la orilla del mar.
La hormiguita estará en su puerta,
yo te daré la teta y el pan.

*(Martirio cierra la puerta por donde ha salido María Josefa y se dirige a la puerta del corral. Allí vacila, pero avanza dos pasos más.)*

**MARTIRIO** *(en voz baja)*

Adela. *(Pausa.) (Avanza hasta la misma puerta.) (En voz alta.)* ¡Adela!

*(Aparece Adela. Viene un poco despeinada.)*

**ADELA**

¿Por qué me buscas?

**MARTIRIO**

¡Deja a ese hombre!

**ADELA**

¿Quién eres tú para decírmelo?

**MARTIRIO**

No es ése el sitio de una mujer honrada.

**ADELA**

¡Con qué ganas te has quedado de ocuparlo!

**MARTIRIO** *(en voz alta)*

Ha llegado el momento de que yo hable. Esto no puede seguir así.

**ADELA**

Esto no es más que el comienzo. He tenido fuerza para adelantarme. El brío y el mérito que tú no tienes. He visto la muerte debajo de estos techos y he salido a buscar lo que era mío, lo que me pertenecía.

**MARTIRIO**

Ese hombre sin alma vino por otra. Tú te has atravesado.

**ADELA**

Vino por el dinero, pero sus ojos los puso siempre en mí.

**MARTIRIO**

Yo no permitiré que lo arrebates. El se casará con Angustias.

**ADELA**

Sabes mejor que yo que no la quiere.

**MARTIRIO**

Lo sé.

**ADELA**

Sabes, porque lo has visto, que me quiere a mí.

**MARTIRIO**

Sí.

**ADELA** *(acercándose)*

Me quiere a mí. Me quiere a mí.

**MARTIRIO**

Clávame un cuchillo si es tu gusto, pero no me lo digas más.

**ADELA**

Por eso procuras que no vaya con él. No te importa que abrace a la que no quiere, a mí tampoco. Ya puede estar cien años con Angustias, pero que me abrace a mí se te hace terrible, porque tú le quieres también, le quieres.

**MARTIRIO** *(dramática)*

¡Sí! Déjame decirlo con la cabeza fuera de los embozos. ¡Sí! Déjame que el pecho se me rompa como una granada de amargura. ¡Le quiero!

**ADELA** *(en un arranque y abrazándola)*

Martirio, Martirio, yo no tengo la culpa.

**MARTIRIO**

¡No me abraces! No quiero ablandar mis ojos. Mi sangre ya no es la tuya. Aunque quisiera verte como hermana no te miro ya más que como mujer. *(La rechaza.)*

**ADELA**

Aquí no hay ningún remedio. La que tenga que ahogarse que se ahogue. Pepe el Romano es mío. El me lleva a los juncos de la orilla.

**MARTIRIO**

¡No será!

**116**

**ADELA**

Ya no aguanto el horror de estos techos después de haber probado el sabor de su boca. Seré lo que él quiera que sea. Todo el pueblo contra mí, quemándome con sus dedos de lumbre, perseguida por los que dicen que son decentes, y me pondré la corona de espinas que tienen las que son queridas de algún hombre casado.

**MARTIRIO**

¡Calla!

**ADELA**

Sí. Sí. *(En·voz baja.)* Vamos a dormir, vamos a dejar que se case con Angustias, ya no me importa, pero yo me iré a una casita sola donde él me verá cuando quiera, cuando le venga en gana.

**MARTIRIO**

Eso no pasará mientras yo tenga una gota de sangre en el cuerpo.

**ADELA**

No a ti que eres débil. A un caballo encabritado soy capaz de poner de rodillas con la fuerza de mi dedo meñique.

**MARTIRIO**

No levantes esa voz que me irrita. Tengo el corazón lleno de una fuerza tan mala que, sin quererlo yo, a mí misma me ahoga.

**ADELA**

Nos enseñan a querer a las hermanas. Dios me ha

debido dejar sola en medio de la oscuridad, porque te veo como si no te hubiera visto nunca.

*(Se oye un silbido y* Adela *corre a la puerta, pero* Martirio *se pone delante.)*

**MARTIRIO**
¿Dónde vas?

**ADELA**
¡Quítate de la puerta!

**MARTIRIO**
¡Pasa si puedes!

**ADELA**
¡Aparta! *(Lucha.)*

**MARTIRIO** *(a voces)*
¡Madre, madre!
*(Aparece* Bernarda. *Sale en enaguas con un mantón negro.)*

**BERNARDA**
Quietas, quietas. ¡Qué pobreza la mía, no poder tener un rayo entre los dedos!

**MARTIRIO** *(señalando a* Adela.)
¡Estaba con él! ¡Mira esas enaguas llenas de paja de trigo!

**BERNARDA**
¡Esa es la cama de las mal nacidas! *(Se dirige furiosa hacia* Adela.)*

**ADELA** *(haciéndole frente)*

¡Aquí se acabaron las voces de presidio! *(Adela arrebata un bastón a su madre y lo parte en dos.)* Esto hago yo con la vara de la dominadora. No dé usted un paso más. En mí no manda nadie más que Pepe.

**MAGDALENA** *(saliendo)*

¡Adela!
*(Salen La Poncia y Angustias.)*

**ADELA**

Yo soy su mujer. *(A Angustias.)* Entérate tú y ve al corral a decírselo. El dominará toda esta casa. Ahí fuera está, respirando como si fuera un león.

**ANGUSTIAS**

¡Dios mío!.

**BERNARDA**

¡La escopeta! ¿Dónde está la escopeta? *(Sale corriendo.)*
*(Sale detrás Martirio. Aparece Amelia por el fondo, que mira aterrada con la cabeza sobre la pared.)*

**ADELA**

¡Nadie podrá conmigo! *(Va a salir.)*

**ANGUSTIAS** *(sujetándola)*

De aquí no sales con tu cuerpo en triunfo. ¡Ladrona! ¡Deshonra de nuestra casa!

**MAGDALENA**

¡Déjala que se vaya donde no la veamos nunca más!
*(Suena un disparo.)*

**BERNARDA** *(entrando)*
Atrévete a buscarlo ahora.

**MARTIRIO** *(entrando)*
Se acabó Pepe el Romano.

**ADELA**
¡Pepe! ¡Dios mío! ¡Pepe! *(Sale corriendo.)*

**LA PONCIA**
¿Pero lo habéis matado?

**MARTIRIO**
No. Salió corriendo en su jaca.

**BERNARDA**
No fue culpa mía. Una mujer no sabe apuntar.

**MAGDALENA**
¿Por qué lo has dicho entonces?

**MARTIRIO**
¡Por ella! Hubiera volcado un río de sangre sobre su cabeza.

**LA PONCIA**
¡Maldita!

**MAGDALENA**
¡Endemoniada!

**BERNARDA**
Aunque es mejor así. *(Suena un golpe.)* ¡Adela, Adela!

**LA PONCIA** *(en la puerta)*
¡Abre!

**BERNARDA**
Abre. No creas que los muros defienden de la vergüenza.

**CRIADA** *(entrando)* ·
¡Se han levantado los vecinos!

**BERNARDA** *(en voz baja como un rugido)*
¡Abre, porque echaré abajo la puerta! *(Pausa. Todo queda en silencio.)* ¡Adela! *(Se retira de la puerta.)* ¡Trae un martillo!
*(La Poncia da un empellón y entra. Al entrar da un grito y sale.)*
¿Qué?

**LA PONCIA** *(se lleva las manos al cuello)*
¡Nunca tengamos ese fin!
*(Las hermanas se echan hacia atrás. La Criada se santigua, Bernarda da un grito y avanza.)*

**LA PONCIA**
¡No entres!

**BERNARDA**
No. ¡Yo no! Pepe: tú irás corriendo vivo por lo oscuro de las alamedas, pero otro día caerás. ¡Descolgarla! ¡Mi hija ha muerto virgen! Llevadla a su cuarto y vestirla como una doncella. ¡Nadie diga nada! Ella ha muerto virgen. Avisad que al amanecer den dos clamores las campanas.

**MARTIRIO**

Dichosa ella mil veces que lo pudo tener.

**BERNARDA**

Y no quiero llantos. La muerte hay que mirarla cara a cara. ¡Silencio! *(A otra hija.)* ¡A callar he dicho! *(A otra hija.)* ¡Las lágrimas cuando estés sola! Nos hundiremos todas en un mar de luto. Ella, la hija menor de Bernarda Alba, ha muerto virgen. ¿Me habéis oído? ¡Silencio, silencio he dicho! ¡Silencio!

(Día viernes 19 de junio de 1936.)

### TELON

# índice

Esta edición, cuya tiraje total no sobrepasará que se
imprimió conforme... mes de noviembre de 1978.
en los Talleres de Offset Alfar Omas, S.A.,
para Fondo...

Esta edición consta de 3,000 ejemplares que se
imprimieron en el mes de noviembre de 1978,
en los Talleres de Offset Alfaro Hnos., S. A.,
calle Sahuayo No. 9 México 2, Distrito Federal.